アイム✦ハッピー
BOOKS

I'M HAPPY

5 KEYS TO A WORRY-FREE LIFE

RYUHO OKAWA

アイム・ハッピー

悩みから抜け出す5つのシンプルなヒント

大川隆法

まえがき

実をいうと本書『アイム・ハッピー』の原稿を読み直してみて、「アイム・アンハッピー」の間違いではないかと思った。

自分史上最低の説法でやるつもりで全国行脚《あんぎゃ》を始めたので、うかつにも田舎者《いなかもの》の劣等感丸出しのような話をしてしまったところを、編集部にスナイパーのように狙《ねら》われてしまったのだ。

この全国伝道の三年前、突然の大病《たいびょう》をしてしまって、仕事は極端に控《ひか》えていたのを、二〇〇七年からリハビリ伝道を始めたので、本人にとっては、死を覚悟しての信者の皆様への最後のごあいさつのつもりであった。この点、自己卑下的《じこひげてき》感情のブレも見うけられる。私としては、本になっても読まないつもりなので、前途多難《ぜんとたなん》で、気がめいっている人中心にお読み下さって、成功中の方《かた》は、落ち込んでいる人に献本《けんぽん》して下さればと思う。

二〇一五年　三月五日

幸福《こうふく》の科学《かがく》グループ創始者兼総裁《そうししゃけんそうさい》　大川隆法《おおかわりゅうほう》

CONTENTS

第1章 明るく生きよう

1 「明るく生きる」のスピリチュアルな意味

2 人生を好転させる「明るい心」のつくり方

3 心の〝自家発電〟をしよう

最近、感情的になっちゃって
自分が自分じゃないみたい……

運が良くなる方法って
あるの？

“あげまん”になって、素敵なカレを引き寄せたい♡

隣のご主人は高学歴・高収入でいいわよね。それに比べて……

家が貧乏じゃなかったら、もっといい仕事に就けたのに！

第2章 愛に生きよう

1 「愛されたい人」と「愛する人」

2 「人を愛し、人を生かし、人を許せ。」という天からのメッセージ

3 親が子に与えた愛は、必ずどこかで生きる

第3章 夢を持とう

俺って小さくまとまってない？
子供のころの夢……
なんだったっけ？
もうすぐ定年。
残りの人生、どうしよう？

第4章 勤勉に生きよう

1 人生が変わる二つのチャンス

2 劣等感に悩んだ大学時代

どうして勉強しなくちゃ
いけないの？

最近何をやっても
調子が悪いなあ

うちの子の“やる気スイッチ”
はどこにあるのかしら？

チャンスを掴むコツって何？

どうしたらリストラされずにすむのかな

毎日ユウウツ……
何のために仕事してるんだろう

第5章 霊的に生きよう

やりたいことはあるけど、
いつも気力が続かない私……

“ありのまま”の私
って、どんな私？

スピリチュアルなこと、
もっと知りたいな

3 「世界最高の教え」を知らずに終わるのはもったいない

I'M HAPPY

5 KEYS TO A WORRY-FREE LIFE

第1章

明るく生きよう

BE CHEERFUL

CHECK IT!

- ☐ 自分はいつも運が悪いと思っているあなたへ
- ☐ 悩みを抱えて苦しんでいるあなたへ
- ☐ 時折、プチうつ気味なあなたへ
- ☐ 自分の将来に希望が持てないあなたへ
- ☐ 暗い人生をなんとか変えたいと思っているあなたへ

1 「明るく生きる」のスピリチュアルな意味

「明るく生きよう」というテーマを選んだきっかけ

私は二〇〇七年ごろから、全国を回って幸福の科学の信者の皆さまと直接、お話ししたり、対話をしたりしていますが、その活動を始めるに当たって、実は条件が付けられていました。それは、「大川隆法史上、最低の説法にしてほしい」というものです（笑）。

私は、数日間、「史上最低の説法とは何ぞや」と考えました。

そして、「まずは演題からだ」ということで、「どんな演題だったら、レベルがいちばん易《やさ》しくなるかな」と考えて、「明るく生きよう」という演題を選んだのです。

そこで、本章ではワンテーマに絞って、「明るく生きよう」という話をします。

「悲しみ」や「苦しみ」を抱くことのデメリット

本章のもとになった説法は広島で行いました。広島は原爆によって被害を受けたせいで、「悲しみの町だ」と言われますし、世界からも、「ヒロシマ」といえば、「ああ、不幸があった所ですね」

と思われるようなところがあって、悲しみや苦しみ、憎しみや恨《うら》みなど、悪い話がたまった街であると思われがちです。

ただ、広島から「平和」を発信するときに、あまりにも「被害意識」というか、「自分たちは被害を受けたんだ。悲しいんだ。苦しいんだ。人類の被害・災害の象徴なんだ」というような気持ちで発信すると、半分は天上界《てんじょうかい》（＊1）に届いていても、もう半分は地獄界（＊2）に向いていると、私は思うのです。

残念ながら、その悲しみのなかに、恨みやつらみ、「人を害したい気持ち」「やるせない気持ち」などが強く入ってくると、必ずしも天上界的なものではなくなるように思います。

＊1
死後、心の清き善人や光の天使が住む光り輝く世界。
＊2
死後、闘争と破壊、執着、混乱、嫉妬などのマイナス想念を持つ人が赴く、仏の光の射さない、悪霊・悪魔が住む世界。

「明るく生きること」で悪霊《あくれい》が撃退《げきたい》できる？

ですから、たとえ自分や身内に不幸があったとしても、どうか、そこで、頑張って心をクラッと入れ替えて、本章のテーマどおり、「明るく生きよう」「とにかく、明るく生きよう」という気持ちを強く持ってほしいのです。

当会では、霊的な話をずいぶんしていますので、そういうことを本で読んだり、関心を持ったりしている方もおられると思います。そのときに、いちばん心配なのは、「悪霊《あくれい》現象」ではないでしょうか。つまり、〝悪いやつら〟に取り憑《つ》かれたりするようなことです。

「霊障《れいしょう》（＊3）を避《さ》けるにはどうしたらよいのか」というのは、とても大きなニーズがあると思います。

実は、そのためのいちばん簡単な対処策が、「明るく生きること」なのです。ただただ、明るく生きることです。これ一本でいいのです。これ一本で、悪霊撃退《げきたい》は終わりです。

＊3
霊的に何らかの悪しき影響を受けている状態や、悪霊に取り憑かれている状態のこと。霊障になると不幸感覚が強くなるほか、体もだるく、いつも疲れた状態になることが多い。

2 人生を好転させる「明るい心」のつくり方

「自分は明るい人間だ」と潜在意識に落とし込もう

もちろん、明るいふりをするだけでは駄目です。「ハハハ」と笑っているふりをして、顔だけ明るくて「心はドロドロ」とか、「憎しみのかたまり」とかいうのはいけません。これは、駄目です。

最初は表面的なところ、目や口など、顔の表情を明るくするところから、当然、始まるべきだとは思いますが、次第に、それを心のなかまで落とし込んでいくことです。

「心のなかまで明るいものに変えていこう」「自分は明るい人間だと思おう」というように、繰り返し、繰り返し思っていると、だんだん潜在意識下に影響が出てきて、深く浸透していきます。

そうすると、心のなかに溜《た》まっている、恨みの心や悲しみの心、不幸の心、人のせいにする心、「環境が悪いためにこうなったんだ」という心を変えていくことができるのです。

確かに、広島であれば、最後は何でも原爆のせいにすれば終わりかもしれません。「原爆が落ちたから、われわれはうまくいかない」というように、商売であろうが何であろうが、最後は全部、原爆のせいにすれば理由はつきます。

　ただ、そうしたところで、どうにもなりません。原爆のことは、今さらどうすることもできないので、そういうことを言っても仕方がないのです。すでに終わったことであり、もう変えることはできません。原爆が落とされて、十万人以上の大勢の人が亡くなったということは、変えることはできないのです。そうした、変えることができないことと闘《たたか》ってもしかたがないわけです。

「あなたの心」は完全にあなたの自由になる

やはり、「変えることができること」にトライするべきでしょう。

それは、どういうことかというと、「事実を変えられないのなら、考え方を変えよう」ということです。

心の向きを変えましょう。心の思いを変えましょう。

それはできるはずです。それは各人の自由なのです。

例えば、あなたが心のなかで、人を憎もうが愛そうが、自由です。「あなたは人を憎んでいるから、愛するようにしてやろう」とか、「人を愛しているが、憎むようにしてやろう」とか、あなたの心のなかに手を突っ込んで、グルッと変えることはできません。
心のなかのことは、自分自身に、完全に委《ゆだ》ねられているのです。

他人や環境のせいにしない強さを持とう

確かに、他人の影響はあります。環境の影響もあります。過去の出来事も、たくさん影響します。他人や環境、お金の問題、事業の問題、上司の問題など、ほかのいろいろなものが影響しないと言ったら、それは嘘です。確かに影響します。大勢の人が一緒に生きているのだから、それは影響するでしょう。

ただ、それに負けていてはいけないのです。環境のせいや外部のせいといったことが、ないとは言いません。ただ、そういうものに負けないことが大事です。あるいは、負けたときの言い訳にしないことが大事なのです。

極論《きょくろん》すれば、先ほど述べたように、「原爆のせいで、不幸になった」ということで、全部、言い訳ができます。あるいは、「暴走族が多いせいで治安が悪い。夜に暴走族が走るので眠れない。事故も起こすし、悪いことばかりする。暴走族が悪いんだ」など、いろいろな言い訳が考えられます。

さらに、「暴力団の本拠があって、どうやら県警本部長と裏で組んでいるらしい。そのために治安が悪くて、どうも商売繁盛しないし、人の人相も心も悪い。これで伝道（＊４）も進まないらしい」という言い訳もできるかもしれません。

もちろん、一部、当たっている部分もあるでしょう。

ただ、「だからこそ頑張らなくてはいけない」という考えもあるわけです。「負けるもんか」ということです。

＊４
仏の説く教え（真理）を伝え、幸福の輪を広げること。

3

心の〝自家発電〟をしよう

明るい人は明るい人と、暗い人は暗い人と引かれ合う

「明るい心」を持っていると、その反対のものとは、だんだん、合わない感じがしてくるものです。

みなさんも、そういうことがないでしょうか? 自分が、暗いジメジメした気持ちや、「人を見たら憎たらしい」と思うような気持ちのときに明るい人を見たら、嫌になりませんか? 自分が暗いとき、明るくてニコニコしているような人と友達になれますか?

やはり、合わないので、「向こうが逃げていくか、自分が引いていくか」のどちらかになるのではないでしょうか。

でも、明るい者同士であれば、くっつきます。あるいは、暗い者同士も、けっこうくっつくのです。人の悪口を言い合っている関係にも、友情というのはあります。不幸な者同士で慰《なぐさ》め合う友情があるのです。

ただ、不幸を慰め合う友情というのは、一人がそこから抜け出すと崩《くず》れます。残されるほうは、逃げようとするほうをパシッとつかんで、引きずり下ろそうとするのですが、逃げ切られた場合には友情は破綻《はたん》するのです。

やはり、こういう、マイナスのほうで行きたくはありません。私の願いとしては、できたら明るい人同士の友情がよいと思いますし、あなたの明るさでもって、暗い人をも、明るいほうへ転じていくだけの力を持ってほしいと思います。

そのような〝自家発電〟をしていただきたいのです。

「思いの力」は鍛えることができる

「思いの力」というのは、けっこう強いのです。本当に強いものです。

体も鍛えたら強くなるでしょうが、思いも同じです。ただし、一日では強くなりません。体だって、一日中、走っても強くはならないでしょう。すぐに筋肉痛を起こして、バンテリン（消炎鎮痛剤）を塗《ぬ》ったり、湿布《しっぷ》を貼《は》ったりしなければいけなくなります。

私も、昔はそうでした。体を鍛えようとすると筋肉痛が起きるので、湿布を何枚も貼っていました。そのため、私の秘書は、いつも湿布をたくさん抱えて歩いていたのです。

ところが、いつの間にか体重が減って軽くなると、歩くのが楽になりました。要は、「十キロ」を背負って歩いていたから重かったわけです。十キロ以上やせたら歩くのが楽になって、倍ぐらい歩けるようになりました。湿布もバンテリンも、全然、要《い》らなくなったのですが、あれは意外でした。

「心の筋肉レベル」を少しずつ上げていこう

結局、何が言いたいかというと、「『自分を変えることによって、人を変え、世の中を変えていこう』という方向に、心を向かわせてください」ということです。

そのためには、まず、そういう態度をつくろうとする努力が要ります。

ただし、急には変わりません。体を鍛えるときに、急に筋肉をつくることができないのと同じことです。「心の筋肉」も、体の筋肉を鍛えるのと同じように鍛えていかなければいけないのです。

心の筋肉を鍛えるには時間がかかりますし、〝トレーニング〟も要ります。一日や二日では、すぐに〝バタンキュー〟になるでしょう。

例えば、とても暗い人が、無理をして急に明るい顔をしても、二、三人から、「あなた、ちょっとおかしいんじゃない？　ちょっとキテるんじゃない？」という感じのことを言われたら、それだけで、元の状態以上に打ちのめされてしまい、鬱《うつ》になって倒れるかもしれません。

やはり、急には無理なのです。心の筋肉も体の筋肉と同じで、少しずつ少しずつ鍛えて、レベルを上げていくべきです。

そう思って何年かするうちに、耐えられる範囲が広がって、本当に強くなってきます。普通だったら、悲しくてがっかりしたり、苦しかったりして、「もう二度と立ち直れない」というレベルになるところが、心が強くなってくると、それを跳ね返せるようになってきて、「何、こんなの、簡単じゃないの。こんなもの、何ともないわ。へっちゃらよ」という感じになってきます。

ぜひ、そのようになっていただきたいのです。

天上界が応援したくなるのはどんな人？

人生の不幸の原因を全部、悪霊のせいにする人はいますし、そのような宗教もたくさんあります。そうした悪霊現象があることは、私も認めていますし、七割ぐらいは、実際にそうかもしれません。悪霊現象等によって病気や事故、その他、いろいろな不幸が起きているとは思います。

ただ、そのもとになるのは、「人の心」です。人の心が原因なのです。

ですから、どうか負けないでください。これに勝つには、ただ一本、「明るさ」です。自分で光を放《はな》つことです。

天上界の諸霊《しょれい》も、実を言うと、そういう人が好きなのです。「自分は真っ暗だけど、照らしてください」などと言っているような人に対しては、「アホらしい」「勝手に暗闇のなかにいなさい」という感じになるわけです。

むしろ、何とかして光を灯《とも》そうと、小《ち》っちゃいマッチであっても、それを擦《す》って、一生懸命、明るくなろうと頑張っている健気《けなげ》な人を見たら、パーッと照らしたくなります。だいたい、そのようなものなのです。

幸福の科学では、それを「奪う愛」と「与える愛」という言葉で説明しています。奪おうとする者には与えられず、与えようとする者には与えられます。逆になるのです。

いくら「自分を明るくしてほしい」と人に願ったとしても、なかなか、明るくしてくれるものではありません。ところが、自分で明るくなろうと努力している人には、周りの人が、一生懸命、助力してくれるようになるのです。

「ただただ、明るく生きよう」と決意しよう

本章のポイントは、ただ一点です。

「ただただ、明るく生きようと心に決意しよう。そして、毎日毎日、少しずつ少しずつ、自分の心を鍛えて、強くなって、自家発電できるような自分になっていこう」ということです。

そうすれば、自分の人生を変えることができるし、周りをも変えていくことができます。「心の力」というのは、光と同じで、十倍、百倍と、幾らでも強くなっていくものなのです。

私も青年時代には、自分一人のことで悩んでいました。若いときはそうだったのです。しかし、悩んでいる人は、ほとんどが自己中心です。悲しんでいる人、苦しんでいる人は、自分のことしか考えていません。ですから、〝真っ暗け〟なのです。

反対に、「人のことを幸福にしよう」「人のためになることをしよう」と思うと、自分のことは考えなくなっていきます。そうすると、周りをだんだん照らせるようになってくるのです。

私も、気がついたら、「世界中を照らしてやるぞ」というところまで、気持ちは強くなっています。「目指せ、世界宗教」とまで言っています。これは本気です。私は嘘をつくのは大嫌いなので、本気で言っています。要するに、「そこまで発電してやるぞ」と言っているのです。

私も頑張っていますから、みなさんも頑張ってください。〝発電機〟は多ければ多いほどよいのです。

以上、「明るく生きよう」というテーマでお話ししました。

ヒント 1

明るく生きよう

BE CHEERFUL

アイム・ハッピーになるためのポイント

- とにかく「明るく生きよう」という気持ちを強く持つ。
- 「自分は明るい人間だ」と潜在意識に落とし込む。
- 「自分の心」は完全に自分の自由になると信じる。
- 他人や環境のせいにしない強さを持つ。
- 「思いの力」や「心の筋肉」は鍛えることができると信じる。

I'M HAPPY

5 KEYS TO A WORRY-FREE LIFE

第2章

愛に生きよう

BE A LOVING PERSON

CHECK IT!

- □ 夫や妻に、**愛されていない**と感じているあなたへ
- □ 家庭や学校になんとなく**居場所がない**と思っているあなたへ
- □ **職場での対人関係**に悩んでいるあなたへ
- □ 誰かに愛されていないと不安な、**〝恋愛依存症〟**気味なあなたへ
- □ **子育ての指針**がほしいあなたへ

1

「愛されたい人」と「愛する人」

最初に伝えたいのは「愛の教え」

さて、本章では、「愛に生きよう」というテーマについて述べていきます。

「愛の教え」は、幸福の科学の教えのなかでも最初に出てくる教えであり、それだけ重要なものでもあります（＊1）。

例えば、「まったく宗教が分からない」という方や門外漢《もんがいかん》の方から、「幸福の科学って、何を教えているんですか」と訊《き》かれて、

＊1
幸福の科学の基本教義は、「正しき心の探究」であり、その具体的な指針として「愛」「知」「反省」「発展」の四正道が説かれている。

うまく答えられないときには、まず、「愛の教え」を伝えるとよいでしょう。

それについて話しているうちに、「旧《ふる》い宗教の愛の教え」との違いが出てくると思いますが、まずは「愛の教え」から始めるのがよいと思います。

人は本能的に「愛されたい」と思うもの

では、「愛の教え」とは、どのようなものでしょうか。

「愛」については、特に、若い人の場合、「愛とはもらうものだ」

と考えているかもしれません。しかし、当会では、「それは奪う愛である」と教えています。

ただ、かつての私もそうでしたから、みなさんのことを責《せ》める資格はまったくありません。十代から二十代ぐらいの私には、「愛とはもらうものであり、人から与えられるものだ。人から愛をもらえたら幸福で、もらえなかったら不幸だ」といった思いが強くありました。

これは教わらなくとも、本能的にそのように感じるものなのでしょう。自然に、そう感じるのだと思います。

考えてみると、子供というのは、親から愛をもらってばかりいる存在です。子供は、親から愛をもらって成長していくことを当然だと思っていて、親に愛されないと、暴れたり、悪さをしたり、欲求不満を起こしたり、いろいろといたずらをするものです。

ところが、そうした「子供時代の気持ち」が、大人になっても続いていることがあります。十代の後半から二十代になれば、十分に大人であるのですが、赤ちゃんのころから、親が自分をかわいがってくれたことを当たり前のように思って育ってきているため、愛をもらえなくなるとつらいのです。

それと同じように、友達からも愛されたいし、先生からも愛されたいし、社会人になってからも、会社の同僚や先輩、上司、あるいは、社外の人からも愛されたくて、「愛が欲しい、欲しい」と思うのです。

そして、人からほめてもらったり、評価してもらったり、具体的に物をもらえたり、お金をもらえたり、何かをもらえると、うれしいわけです。

「愛されたい人」には誰が愛を与える?

今、述べたことは普通のことで、これを否定する気持ちはありません。そのとおりであろうと思います。例えば、ポンと百万円をもらって、うれしくない人はいないでしょう。もらうということは、うれしいことであり、とてもよいことのように思えます。

しかし、ここに問題があります。それは、「すべての人が、成長して大人になっても〝子供〟のままで、『人から愛されたい』と思っていた場合、その愛を与える人は、いったい誰なのか」という問題です。

もちろん、そこには、「神仏の愛」というものがあるでしょう。ただし、神仏の愛は目に見えません。当会の信者のみなさんも、なかなか目には見えないものに対して感謝をしている状態だと思います。

その目に見えない神仏の愛を具体化するのが、実は、信仰者《じゃ》たちなのです。信仰を実践している人たちが、神仏に成り代わって、その愛の姿、つまり、人に愛を与える姿をお見せすることが大事であるわけです。

もし、「愛をもらいたい」と思う人ばかりになったら、この世は「餓鬼《がき》地獄（＊2）」です。みなが「欲しい、欲しい」「おなかが空いて苦しい」「食べたい、食べたい」というような人ばかりになったら、そうなります。やはり、誰かが作るほうに回らなければいけません。〝ごはんを作って提供する側〟に回る人が要るわけです。

「愛が欲しい」という人が世の中に満ちているのなら、誰かが

＊2
物惜しみ、ケチ、嫉妬心が強い人、奪う心などの気持ちが非常に強い人が、死後赴く世界。

愛してあげなければいけません。その「愛してあげる人」をつくっていくことが大事な仕事であり、それが神仏の願いでもあるのです。

神仏は、常にそういうことを考えていますが、具体的なことは地上の人間の手を通し、口を通し、行動を通して実現していこうとしています。そして、それが、「宗教の使命」でもあるということです。

天使たちの存在を知ったときの驚き

そういうわけで、私自身も若いころは思い違いをしており、「愛はもらうものだ」という考え方をしていましたが、その考え方が少しずつ、ほかの人とは違うものになっていきました。

それが決定的になったのは、一九八一年三月、私が「大悟《たいご》（＊3）」したころです。

そのころに、「他力《たりき》」という存在、つまり「偉大なる霊界があり、高級神霊がいる。彼らは、地上の人たちを見ており、指導して助けようと思っている。そういう気持ちで見守っている」とい

＊3
大いなる悟りをひらくこと。

うことを実際に知ったわけです。それは大きな驚きでした。

この世の人は、そうしたことをまったく感じないのですから、はっきり言って、高級神霊は「姿なきもの」でしょう。そういう見たこともない、聞いたこともないような存在が、実は、この世の人を幸福にしようとして、一生懸命に護《まも》ったり、指導したり、光を与えたりしようとしていたことを、私は知ったのです。

さらに、それから三十年近く、そうした高級諸霊からの指導を受ける状態はずっと続いています。

また、「こんなに与えられていたんだ。護られていたんだ。いつも護ろうとしてくれていたし、導こうとしてくれていたんだ。

自分は一人で苦しんでいたつもりだったけれども、一緒になって苦しんでいた天使や菩薩がいたんだ」ということを知ったとき、私は人間として、一種の「改心《かいしん》」をしました。

これは、「心を改《あらた》める」と考えてもよいですし、「クルッと回る」という意味での「回心《かいしん》」と考えてもよいですが、とにかく、心がクラッと変わったのです。

「そうか。目に見えない世界から、この地上に生きている人たちを護っている、そんな仕事をしている存在がいるんだ。天使や菩薩、如来たちが現実にいるんだ」と知ったことは、私にとって「驚天動地《きょうてんどうち》」ともいうべきものでした。

そして、そのころから少しずつ、「自分も何とかしなければいけない」と思い始めたのです。

2 「人を愛し、人を生かし、人を許せ。」という天からのメッセージ

さらに、啓示《けいじ》として、「人を愛し、人を生かし、人を許せ。」という言葉が降りてきました。これは私の『太陽の法』（幸福の科

学出版刊）等にも書いてあり、当会では有名な言葉ですが、この三つの言葉が降りてきたのです。

私は、この「人を愛し、人を生かし、人を許せ。」という言葉を、五年、六年と、ずっと考え続けました。

これは、私に対する公案《こうあん》（禅の修行で悟りに導くために示す問題）のようなものでした。

私は学生を終えて会社仕事に入ったのですが、やっているビジネスそのものは、この言葉と直接関係のないものでした。しかし、降りている啓示は、「人を愛し、人を生かし、人を許せ。」ということで、これをどのように実践するかということに心を砕《くだ》いたのです。

たとえ誤解されても、人に愛を与えて生きる

そこで、「とにかく世の中のためになることをすればよいのだな」と考え、私なりに、一生懸命に努力して仕事をしたり、他の人に愛情を持って接したり、ほめたりと、いろいろとしてみました。

ところが、むしろ〝逆の意味〟に誤解されることのほうが多かったと思います。

要するに、世の中には、そんな人はあまりいなくて、努力した

り、人をほめたりすることは、みな自分のためにやっているわけです。そのため、「そのようにするということは、何か魂胆《こんたん》があるのだろう。早く出世したいとか、交換条件で何かをもらおうとしているのではないか。そうでなければ、人をほめたりするはずがない」というように、〝裏の意味〟に取る人がかなりいました。

また、会社のなかで、かわいそうな立場にいる人たちに優しく接したり、そういう人たちと話をしたり、一緒にお茶を飲んだりすると、「ああいう人たちの仲間なんだ」といったレッテルの貼り方をされたこともあります。むしろ、私のほうが困るような立場にされて、「仲間に入りたかったら、ああいうのとは付き合いを切れよ」というような感じになったのです。
つまり、天上界の啓示とは少し違った状況が現れてきたわけです。

会社を辞めるときに初めて理解されたこと

実際、私が会社勤めを辞めてから、私の本心を初めて理解したという人のほうが多かったように思います。同期や先輩、上司あたりには、私が一生懸命に仕事をしている姿が、ものすごく出世を急いでいるような感じに見えていたのではないでしょうか。

もちろん、私は、そういうつもりはありませんでした。「この会社には数年ぐらいしかいないだろう」と思っていたので、そのあいだに、お返しとしてやれるだけのことはやって、あとを濁《にご》さずに去っていくつもりでいたのです。

しかし、そのような気持ちで生きている人がいるということ自体、理解できなかったのでしょう。私が会社を辞め、宗教の仕事を始めるというときになって、やっと、「ああ、そうだったのか。出世のつもりでやっていたのではなかったんだ。会社を辞めるつもりでいた人が、愛社心を持って、一生懸命に働いていたのか。人の十倍働いていたのに、それとは別に、こんなことを勉強していたのか」という反応が返ってきたのです。

やはり、「知らなかった」というか、「理解できなかった」「そんなことを考えている人が、世の中にいるとは思わなかった」ということだと思います。

そのようなことを感じました。

青年時代に、易者《えきしゃ》に指摘された〝結婚できない理由〟

また、私が名古屋にいたころに、こんなことがありました。私は二十八、九歳だったと思うのですが、地下鉄を降りて、駅の商店街あたりを歩いていると、女性の易者《えきしゃ》さんが座っていて、「待たれよ、そこの人。ちょっと来なさい」と声をかけられたのです。

私は、「ん？ 何か悪い話かな。易者に呼ばれる場合、だいたい悪い話だろう」と思いつつも、「こっちに来て座りなさい」と言うので、「は、はい」と、おとなしく座りました。すると、易者から「うーん……、結婚できないでいるでしょう？」と言われたのです（笑）。

それは、そのとおりではありましたが、若い人が易者に呼ばれる場合、たいてい結婚問題なのかもしれません。ともかく、「結婚できないでしょ？ できない理由を教えてあげよう」と、易者さんが〝親切に〟言ってくれたわけです。

その易者さんが、通りがかりの私をつかまえて言うには、「あなたには欲がない。だからできないんです。結婚したいという欲がありませんね。欲を出さなければ、結婚できないんですよ。女性というのは、『私をもらってほしい』と思って待っているんです。だから、『君が欲しいんだ』と言って、取りにかかって、奪わなければ駄目なんですよ。あなたには、その欲が出てないじゃないですか」ということでした。

さらに、易者からは「そのままでは駄目です！　頑張って執着《しゅうちゃく》を出さなければ、結婚なんてできません！　執着を出して、『取ろう』と思わなければ駄目です。女性というのは、店の商品と同じで、買ってほしくて待っているんですから、『買いたい』と言わなければ駄目なんですよ。あなたには、買う気がないでしょうが」と言われたのです（笑）。

その分析は当たっており、私も、「まあ、そうですよ」と答えたのですが、なぜそうであるかの理由は、易者さんには分からなかったと思います。

私が「結婚」に積極的になれなかった本当のわけ

その理由とは、次のようなものでした。

私は、二十四歳で霊的覚醒《かくせい》を得《え》て、天上界の霊人と交信し、自分の使命を告げられていたにもかかわらず、会社勤めをしていました。そこには非常に遊離《ゆうり》があったため、いずれ辞めて独立しなければいけないと思っていたのです。

確かに、周りに若い女性はたくさんいるし、きれいな人もいて、好みの人もいないわけではなかったのですが、やはり、「不誠実である」という気持ちがありました。

「僕は、もうすぐ会社を辞めて救世主になるけど、かまわないか？　結婚するかい？」と、この一言を切り出す勇気は、どうしてもなかったですし、おそらく、それを受け止められる相手もいないだろうと思っていたのです。

易者には、「欲がない」と言われましたが、その意味では、非常に〝無我《むが》（＊4）〟の状態ではあったのでしょう。易者さんは、「あなたは無我の状態だ。『我《が》』がないですね。だけど、我がないのでは困る。我をつくらなければいけないね。我をつくってくださ い」と言うのです。

ただ、結局は、「うーん、どうもその気が起きていない」などと言って、向こうも諦《あきら》めてしまいました。

＊4
苦しみの原因となる自我我欲を去った心の状態のこと。

当時、抱いていた「救世主」のイメージとは

要するに、私としては、「責任を持てない」と思っていたわけです。

しかも、当時の私が持っていた救世主のイメージとは、「悲惨《ひさん》な時代に、悲惨な生き方をして、おそらく悲惨な最期《さいご》を遂《と》げるであろう」というものでした。やはり、西洋的な考え方から見れば、それがだいたい〝正統〟でしょう。いわゆる「救世主」というのは、「人類滅亡の日」といったような、ものすごく悪い時代に出てくるもので、それほど幸福になれるタイプではないことが多い

と思うのです。

「もしかしたら〝磔《はりつけ》〟か」という感じは、いちおう持っていたので、イエス・キリストのように三十歳で始めて三十三歳で磔になるのだったら、結婚するのは無責任でしょう。そういう理由で、結婚は考えていなかったわけです。

ともかく、二十代のころに、そういった、易者に呼び止められるという経験をしたことがあります。「人を愛し、人を生かし、人を許せ。」という言葉を、いつも呪文《じゅもん》のように、おなかのなかでつぶやきながら道を歩いている人間というのは、外からはそのように見えるのかもしれません。

3 親が子に与えた愛は、必ずどこかで生きる

身近なところから愛を具体化してみよう

さて、私の場合は、「愛」について、「人を愛し、人を生かし、人を許せ。」という言葉が一つの公案ではあったのですが、みなさんにお伝えしたいことは、「愛というものを抽象的にではなく、もっと具体的なものとして捉《とら》えていいですよ」ということです。

「自分は何ができるか」「自分としてできることは何か」という

ことを、具体的に考えてもらってかまわないのです。

やはり、いちばん簡単に対象が見つかるのは、家庭のなかでしょう。「妻の夫に対する愛」や「夫の妻に対する愛」、「親の子に対する愛」や「子の親に対する愛」などがありますが、家庭のなかがいちばん手近なところではあります。その次が、家庭の外の人ということになるでしょう。

したがって、まずは、「家庭のなかで具体的にできることはないかどうか」と考えてほしいのです。「やれること、やるべきことはないか」「本来ならやれるのに、やっていないことがあるのではないか」「それは自分の心の持ちようによって、そうなっているのではないか」ということです。

例えば、本来なら、ほめてあげるべきところをほめずに、くさしたり、怒ったりしていないでしょうか。一生懸命、頑張った子供に対して、「私の要求はもっと高いから、あなたなんか駄目よ」という感じで、叩き落としたりしていないでしょうか。

それは子供だけでなく、ご主人に対しても同じことですが、そういうことはないでしょうか。

「親に愛された」という気持ちは必ず残る

確かに、子供というのは、なかなか親に恩返しができずに、奪い続けているようなところがあります。しかし、やがて大人になると分かるのですが、やはり、「親の愛」というのはありがたいものなのです。

親が与えたものが、直接、親に返ってくることはないかもしれないけれども、それは、子供が社会のなかで生きるときに、ほかの人に対する優しさや、「人のために尽くす」という気持ちに、必ず転化していくのです。

そういう意味で、「親の愛」が死ぬことはありません。必ず残ります。「親に愛された」という気持ちは必ず残るものなのです。親に愛された気持ちを、直接、親に返せるかどうかは分かりません。現実には返せないことのほうが多いのかもしれません。返そうと思ったころには、親がボケていたり、おかしくなっていたり、事業が傾いていたり、死んでいたり、病気になっていたりして、昔のままの親ではないこともあります。お返しをしても、それが親に分からない状態もあるのです。

それでも、「親が子供を愛しておくことは、子供にとって、将来、人に愛を与えるための大きな大きな原動力になるのだ」ということを知っておく必要があると思います。

仕事を巡《めぐ》っての父との葛藤《かっとう》

私は三十歳のときに幸福の科学の仕事を始めたのですが、最初のころは、まだ自信がなかったために、父親である善川三朗《よしかわさぶろう》と一緒に仕事をしていました。

しかし、一、二年たったころ、指導霊から「あなた一人でやりなさい」という声が、ずいぶん降りてきたのです。「一人でやらなければ駄目だ」「『われ一人立つ』という気持ちで行きなさい」

と、何度も何度も言われました。

それでも、十分に自信がなくて、三年ほど父と一緒に仕事をしていたのですが、八次元、九次元界（＊5）から直接、霊指導を受けている私と、そこまで行かない父との差は、次第に歴然としてきましたし、いつの間にか、この世的な能力のほうでも逆転していたのです。

ところが、父は、私が小さいころから非常に心配性で、子煩悩《ぼんのう》でもあり、私を愛してくれたので、私としては、父を裏切るような気持ちにはなれませんでした。

そのため、私は非常につらい葛藤《かっとう》を経験したのです。私が

＊5
この世を超えた世界を実在界と言い、何層にもなる霊的世界が広がっている。八次元界は仏教的には如来、キリスト教的には大天使と呼ばれる高級霊の世界。九次元界は偉大なる救世主の世界。

三十五歳のころから父が亡くなるまでの十数年間を、非常につらい気持ちで生きていました。私は親孝行な気持ちを強く持っていたので、父に仕事を引退してもらうために、「私一人でやるから、やらないでくれ」と言うのは、とてもつらいことだったのです。

実際、父は体のほうは健康で、まだ十年ぐらいは仕事がやれそうではありました。ただ、話す内容や教え、思想が私とは違うため、同じようにはできなくなっていたわけです。

やはり、宗教とは、教祖が一人でなければ駄目なものであり、教祖が二人いたら宗教は成り立ちません。必ず分裂しますから、トップは一人でなければいけないのです。

要するに、考えが割れたら宗教としては困るので、教祖は一人で立たなくてはいけないのですが、このときに〝親不孝〟をしなければいけなくなってしまったのです。

もちろん、外面的な、この世的な部分では、父が生活に困らないように配慮はしましたが、父が、「講演会をしたい」とか、「本をたくさん出したい」とか、「実務を仕切りたい」とか、そのようなことを言ってきても仕事をさせないようにするのは、とてもつらかったのです。私を愛してくれて、かわいがってくれた父であったからこそ、私もずいぶんつらい思いをしました。

ふと思い出す、父の愛を感じたエピソード

やはり、教団全体のことや世間のことを考えると、父を引っ込めるのが息子としての使命ではあったでしょう。

ただ、「父を引っ込めなければいけない」「自分で立たなければいけない」という気持ちがあったとはいえ、どうしてもつらかったのです。本当は父のことを頭からパーンと叱《しか》りたいというか、批判したい気持ちもあったのですが、十年以上、それを口には出さないで、じっと我慢していました。

その理由を思い出してみると、子供のころ、ちょうど小学校時

代あたりに親から与えられた具体的な愛のようなものが、心のなかに残っていたからです。父の考えが間違っていたり、正反対のことを言って指導しようとしたりしているところを、バシッと叱りたくなったようなときもあるのですが、やはり、ふと思い出すものがありました。

それは、小学校の四年生か五年生のころのことです。尾籠《びろう》な話で申し訳ないのですけれども、実は、お尻におできができたのです。とても恥ずかしいところですし、自分では見えないところなのですが、そういう何だかよく分からないところに、おできができました。

そのときに、正確な名前は忘れましたが、〝なんとかマイシン〟という薬を、父が毎日、塗ってくれたのです。それをふと思い出すのですが、そうすると叱れなくなってしまうのです。

教団の幹部等は、「先生、しっかりしてください。（善川三朗顧問を）バシッと引っ込めてください」と、だいぶ言ってはいましたけれども、そういう親の愛を思い出すと言えないこともあって、十年余りつらい思いをしました。

だいたい、病気のときや何か困ったときに親がしてくれた具体的なことというのは、何十年たっても、なかなか忘れられないものです。

　それは、直接、親孝行で返すことはできないのかもしれませんが、そういう気持ちを持っていると、他の人に対する優しさなど、何かそういうものになって、ふと表れてくることがあるわけです。

人間的な〝ホットな部分〟をなくしたくない

　ちなみに、私の友人などで、一緒に大学を卒業して社会に出た人たちを見ると、受験競争を勝ち上がってきただけあって、非常に頭がよく、テストをしてもよくできる人がたくさんいます。ところが、受験秀才には、わりに冷たい人が多いのです。冷たくなって、合理主義者になっていくわけです。

そういう意味では、私も合理主義者になってはきたのかもしれませんが、どこかに、そういう「ホットなところ」というか、「人間的な情愛のようなものがなくなったらいけないな」という気持ちがあります。

確かに、この世的な価値観としては、みなエリートを目指していくのでしょうが、エリートというのは、必ずしも、ほめられた人ばかりではありません。「奪う愛」というか、「人から愛を奪う気持ちでいっぱいである」というエリートは大勢います。

でも、やはり、どこかに、「優しさ」というか、「人間的な情愛」

を持っていないといけないのではないでしょうか。そういう感じがします。

以上、「愛に生きよう」というテーマで、私自身の簡単なエピソードも交《まじ》えながらお話ししました。

ヒント2

愛に生きよう

BE A LOVING PERSON

アイム・ハッピーになるためのポイント

- 愛とは奪うものではなく、与えるものであると、まず知ること。
- 見返りを求めずに、自分から愛を与える。
- 目には見えない世界には、見守ってくれている存在がいると信じる。
- 家庭内など身近なところから具体的に愛を実践する。
- 人間的な〝ホットな部分〟や〝情愛〟を大切にする。

第3章

夢を持とう

HAVE A DREAM

CHECK IT!

- □何事も思うようにいかず、心が折れそうなあなたへ
- □惰性《だせい》に流されて送っている変化のない毎日を、何とかしたいと思っているあなたへ
- □夢を持つことの効用を知りたいあなたへ
- □夢は若い人が持つものと思っているあなたへ
- □どうしたら夢が叶うのか、知りたいあなたへ

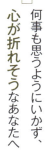

1

「夢を描く力」で人生が動き出す

「夢を描く能力」の偉大さを知る人は少ない

さて、本章のテーマは、「夢を持とう」です。

人間が持つ能力には、幾つか偉大なものがありますが、私は、「夢を描く能力」も、非常に大きな力ではないかと考えています。

ただ、言葉で聞いただけでは、右から左に抜けてしまうようなことかもしれません。「夢を描け」とか、「夢を持とう」とかいうと、「言葉としてはいいですね」という感じで通り過ぎてしまうのです。

文学的には、よいことのように思えても、「実際に、実体としての力があるのだ」ということまで知っている人は、あまり数が多くないでしょう。十人に一人もいないかもしれません。百人に一人ぐらいではないでしょうか。「夢を描けば現実化してくる。現実に、そういう力が働いてくるのだ」ということを知っている人は少ないはずです。

夢を実現しやすい人の特徴とは？

しかし、あの世にいる神様や仏様も、何度も何度もずっと呼びかけられたら、何かせざるをえないのです。

一回目ぐらいであれば無視することも可能ですし、二回目も、「何か言っているな」ぐらいに思うでしょう。ただ、三回目、四回目となると、「ああ、もう分かった。分かった。うるさいからやる！」と言って動き始めるというのが現実です。

もちろん、「この世の力」もあるのですが、それだけではなく、こうした「あの世の力」も働いてくるのです。

夢が実現する姿をありありと思い描く力、それを長く思い続ける力、そして、「それが現実に起きうることなのだ」ということを、心のなかに持ち続ける力。こういう力がある人の場合、夢が、だんだん本当になり、じわじわ、じわじわと近づいてきます。

ときには、自分が当初、思っていた夢とは違うかたちで実現することもありますが、何らかのかたちで、それに似たものや、〝代替物《だいたいぶつ》〟が出てきます。そういうかたちで現れてくるのです。

具体的な夢を描いて、多くの人の力を結集しよう

こうしたことは、私自身もずいぶん経験したのですが、心の力の使い方として、「ああ、現実にこういう力があるんだ」ということを知ったのは、やはり宗教の活動を始めてからです。

思ったことは、ほとんど実現していきます。不思議ですが、それもだんだん精度が上がってきて、次第に実現していくのです。

例えば、幸福の科学学園も、私が「学園をつくるぞ」と言うと、現実に計画が立ち、申請もだいたい通っていきます。この説法をしたときは、ちょうど先生を集めているところでした（＊1）。

＊1
2010年4月に幸福の科学学園那須本校が、2013年4月には関西校が開校。2015年4月には、日本発の本格私学であるハッピー・サイエンス・ユニバーシティ（HSU）を開校。

やはり、学校にしても何にしても、まずは、「建てるぞ」と思わなければ建ちません。思えば建ちますし、いざ「建てるぞ」と肚《はら》を決めて、「どのように建てるか」「どのようにするか」というアイデアを出して具体化していくと、みなが動き始めます。

しかし、その具体的な像が決まらなければ、いつまでたっても議論だけで、まったく動きません。誰かが強く思わなければ実現しないのです。

そういう意味では、「夢」には、「多くの人の力を結集してくる」という力もあるわけです。

2

私はこうして「思いの力」で夢を実現してきた

「大勢の人が集まるイメージ」を持ち続けた私

幸福の科学も、私の夢から始まったと言えばそのとおりでしょう。

ただ、実際に歯車が回り始めると、結果的には、いろいろなものについて、「昔、自分が思っていたことは、ずいぶん小さかったな」と感じるようになりました。もっともっと、それを超えていく感じがして、自分が思っていたよりも、大きくなっていったわけです。

それは、大勢の人の力が加わってきたからだろうと思います。やはり、自分一人の力では限りがあるけれども、協力者が出てくると、どんどんどんどんどん歯車が回ってき始め、推進されていくのです。

例えば、幸福の科学を立ち上げた一九八六年には、まだ数名の協力者がいた程度だったため、「宗教だけでは、とてもではないけれども収益が得られないんじゃないか。『幸福喫茶《きっさ》』という喫茶店を開き、喫茶店で収入をあげながら、ときどき集会をするようにしたらどうだろう」というレベルの話をしていました。

実際、その年の十一月二十三日に東京の日暮里で最初の集会（「幸福の科学発足記念座談会『幸福の科学発足にあたって』」）をして、全国から九十人ぐらいが集まったのですが、私は「これが最初で最後かもしれない」と思っていたのです。「九十人も来たら話ができないんじゃないか。評判が悪かった場合、これで終わりにしようか」と思っていたぐらいでした。

ところが、その翌年から、だんだん規模が大きくなっていき、人が来るようになってきました。その間、私は、「もっと大勢の人が集まってきてくれるイメージ」をずっと描き続けていたのです。

年々、規模が大きくなっていた講演会

八六年の十一月には九十人だった参加者が、八七年三月八日に牛込《うしごめ》公会堂で行った第一回講演会では四百人になり、同年五月の千代田公会堂では九百人になって、千人規模となりました。

また、八八年には、日比谷公会堂等で開催するようになって二千人規模となり、八九年には、大相撲が行われる両国国技館での開催となったのです。

そこは、演壇が客席でぐるりと囲われたような会場であったため、「相撲を取るわけでもないのに、なんでこんなところで講演をしなければいけないんだ。どうやって講演するんだ」といった感じではありましたが、八千五百名が入るところだったので、その後も、ずっと両国国技館でやろうかと思っていました。

ところが、その後、八千五百人の会場では入らなくなったために一回で終わってしまい、しかたなく、もっと大きい会場を探すことになりました。

「幕張メッセ」の展示場で講演会を敢行

すると、一カ所だけ見つかりました。当時の担当者によると、「『幕張メッセ国際展示場』というところですが、講演会場ではありません。講演会場ではないところで講演ができるでしょうか」ということでした。

私は「やれ！」と答えました。

事務局は、「コンクリート打ちっ放しの会場ですよ。夏は冷房もありません。トイレもろくにありませんよ」と、真っ青でした。

それに対して私は、「駅があるじゃないか。会場のなかに仮設トイレをつくっても間に合うわけがない。駅でトイレに寄ってから来てもらえ。とにかく、やろうじゃないか」と言ったのです。

結局、九〇年にそこで何回か講演会を行ったのですが、参加者は一万四千人、一万六千人、一万八千人と、どんどん増えていきました。

さらに、九一年には五万人規模になったため、その後五年ほど、年に二回、東京ドームで講演会を行っていました。ドームから衛星放送もかけたので、実は、講演会としては、三十代前半で世界最高レベルまで達してしまったのです。

つまり、行くところまで行ってしまい、もはや先がなくなってしまいました。

これから先は、「すべての野球場を衛星中継でつなぐかどうか」だけでしたが、シーズンオフにしか使えないし、野球場ばかりで行うのも少しさみしい話ではあるので、「いったい、どうしたものか」と考えていました。

はじめは苦労した総本山の運営

そこで、「次は、やはり自前の精舎《しょうじゃ》（＊2）を建てよう。まずは実験的に、栃木県の宇都宮で本山《ほんざん》をつくってみよう」ということに

＊2
幸福の科学の参拝・研修施設のことで、大型の精舎は「正心館」と呼ぶ。日常から離れた静かな環境のなかで、研修や祈願を通して、深く自分の心を見つめ、人生が好転する新しい気づきや発見を得ることができる。

なりました。東京でつくることに、まだ十分な自信がなかったため、宇都宮でつくってみることにしたのです。

ただ、一九九六年に、最初に総本山・正心館をつくったときは、やはり、それなりに難しいものがありました。建物が大きかったので、職員がみな怖がってしまったのです。とても運営する自信がなく、結局、総合本部が丸ごと宇都宮の総本山・正心館に入ってしまいました（＊3）。

また、正心館には演壇もつくってあったため、「この演壇は何？」と訊くと、「先生が説法をするためのものです」と言われました。つまり、私に、毎日あるいは毎週、説法をしろという意

＊3
その後、1999年に総合本部は東京に移転している。

味です。

私は、もっと大きい会場で行っていたので、そんな気はなく、「こんな小さいところで何回もやるの⁉　それはないだろう。弟子がやるのではないか。弟子が説法するのであれば全国に精舎が建てられるが、先生だけがするのであれば建たないぞ」と言って、「先生がやるか、弟子がやるか」という〝問答《もんどう》〟をかなりしました。

そして、頑張って押し返した結果、全国に精舎が建ち、さらに東京にも建てることができたのです（＊4）。

＊4
2015年3月現在、全国に25大型精舎、海外に3精舎を展開している。

急激に増えていった自前の支部精舎

そして、ある程度、精舎の運営が軌道に乗ってきたところで、「次は、自前の支部（支部精舎）を建てるぞ」ということになったのですが、そのときにも職員は、「どこに建てるか」とか、「順番が決まらない」とか、「都市のほうは土地が高いから建たない」とかいうようなことを言っていました。

そこで私が、「考えている暇なんかない。全部、建ててしまおう！」と言ったため、一気に二百支部精舎を建てることになったのです。もはや〝突貫《とっかん》工事〟で、週によっては連日、落慶式をしており、どこが建っているのか分からない状態になっていました。

実際、計画表を何回見ても分からないぐらい、すごい数だったのです。「二年ぐらいで、百六十数支部が建築中」というところまで行き、拠点開発局の局長が把握しているかどうかも怪しいぐらいで、すべての落慶式典に出られない状態になっていました。おそらく、ゼネコンは大喜びだったでしょう（笑）。

さらに、この説法をした二〇〇七年は、海外にも同時に建て始めており、一気に九か十カ所ぐらいの予定が入っていました。

今後、海外も、五十、百と支部をつくっていくつもりですし、国内も三百、五百、千、千二百と、だんだん数が増えていきそうです。

〝勝手に〟建ち始める可能性も高く、最後は、ゼネコンを〝買収〟しなければいけなくなるかもしれない状況です。

また、信者のみなさんのご協力もあって、在家信者で運営する布教所も、二〇〇七年の時点で二千数百カ所ぐらいまで開くことができ、その後、一万カ所を超えています。本当に大きなものになるような感じがしています。

いずれにしても、まずは、「そのようにしよう」と思わなければ始まりません。物事においては「思い」が先行します。やはり、「思いには実体があるのだ」ということです。

3 夢を実現するコツ

霊界でも地上でも「思い」は実現していく

私が教えのなかで繰り返し説いているように、霊界では、「思い」がそのまま「行動」になります。「心のなかで思ったこと」はすぐに実現するのです。

また、物体的なものでも、心に思ったものは現実化してきます。そのため、いろいろな化け物や妖怪なども実体化してくるわけです。

さらに、同じような心を持った人がたくさん集まって「集合霊」

になると、大きな化け物も出てきますし、天使たちが集合して、大きな姿をつくることもあります。奈良の大仏のようになって出てくることもあるのです。

要するに、「思いがすぐに現実化する世界」が霊界です。

一方、この世は、それほど敏感ではないものの、やはり「強い思い」を持ち、その思いを長い時間、発射する人がいると、その思いに沿っていろいろなエネルギーが働いてきます。

やはり、「思い」は現実化します。「思いには、人を動かし、世の中を動かす力があるのだ」ということです。

途中で「壁」が現れてもビジョンを描き続けよう

何かが現実化するには、たいていの場合、「きっかけ」がありま す。個人のレベルに限って言えば、例えば、マイホーム一つ建てる にしても、「建てる」という思いがなければ建たないでしょう。

車一台買うにしても、「買おう」と思わなければ買えません。

結婚も、「しよう」と思わなければ、なかなかできるものでは ないし、伝道にしても、思わなければできないものなのです。

ただ、そのように、「夢を描く能力」というものは実際にある のですが、最初は、困難を感じるような「壁」が出てきて、簡単に失敗するように見えることがあります。

しかし、そこで諦めてしまってはいけません。「なにくそ」と思い、粘《ねば》り抜いてやっていると、「思ったとおり実現する場合」と、「違ったかたちで実現する場合」と、「思ったより、もっとすごいかたちで実現する場合」の、いずれかのかたちで実現していくのです。

人は、失敗したときのことを恐れすぎると、夢を語ることを嫌がるのですが、恐れてはいけないと思います。むしろ、どんどん、目標を書くなり、ビジョンなどを絵に描くなりして貼っておくとよいでしょう。視覚化したもの、目に見えるかたちで描いたものは、かなり実現しやすいのです。

例えば、一九九〇年ごろ、幸福の科学の総合本部は紀尾井町《きおいちょう》ビルというところに入っていましたが、私は、そこに入る一年ぐらい前に、「こんなビルに入れるといいね」と、クレヨン画を描いて壁にペタッと貼っていました。すると、その一年後ぐらいに、そこに移ることになったのです。

もちろん、できない理由を考えれば、幾らでもあるでしょう。

例えば、東京ドームで講演会をすることになったときには、事前に幹部と巨人戦を観に行ったのですが、私が「こんなところで、講演会ができるんだろうか」と訊くと、「きついですね。観客が遠いですよ」という感じでした。「声が届かない」とか、「音声が割れる」とか、ネガティブな意見がたくさん出たのです。私も、「ここで講演会をやったら、ものすごくしらけるかもしれない」と思いました。

ただ、私が、「全部、解決せよ」と言うと、彼らは、「アメリカから特別なマイクを取り寄せてきてやればできる」など、何だかんだと考え始め、結局、講演会ができるようになりました。

才能の伸ばし方・才能の使い方

また、私自身について言えば、かつて商社に勤めていたため、物を持たずに右から左に流して利益を得るのが〝得意〟でした（笑）。したがって、不動産系のように、土地や建物など、実体があるものについてはあまり得意ではなかったのですが、勉強しなければいけなくなると、不動産もかなり詳しくなったのです。

昔であれば、設計図だの、図面だのを見せられても、よく分からなかったのに、今では、パッと見て、「これは、このくらいだな」「ここが足りないな」というようなことも分かります。

最初は、何を見ても、さっぱり分からず、「プロが設計しているというのだから、大丈夫なのだろう」と思っていたのですが、しばらく訓練を積むと、「研修所なのにトイレが三カ所しかない」とか、「台所がずいぶん小さい」とかいうことが分かるようになってきたのです。

新しい能力をつくるのは、けっこう大変なことですが、まず、「何かをやりたい」という気持ちがなければ、能力そのものも目覚めてきません。

映画の製作総指揮で目覚めた意外な才能

映画もそうです。私には、映画をつくった経験などありませんでしたが、当会の映画（＊5）で製作総指揮をしているうちに、気づけば、プロの監督に指導したり、絵にクレームをつけたり、ついには音楽家の音楽を直し始めたりしていました。

私は、音楽がそんなに得意ではなかったはずなのに、「ああ、この音楽は駄目です。こうしましょう」などと、だんだん言うようになったので、何だか〝怖く〟なってきます（笑）。

人は必要にかられると、何かしなければいけなくなってくるの

＊5
1994年より3年に一度公開されてきた8作の作品。第一作目の「ノストラダムス戦慄の啓示」は朝日新聞社主催「朝日ベストテン映画祭」で読者賞第1位を受賞。2012年公開の映画「神秘の法」はアメリカの「ヒューストン国際映画祭」で「スペシャル・ジュリー・アワード」を受賞した。なお、2015年秋には、9作目となる映画「UFO学園の秘密」を公開予定。

でしょう。そういう立場に立てば、責任あることを言わなければならないし、また、言ったことについての結果に、責任を取らなければいけなくなるのです。

ちなみに、この説法をしたときは、「仏陀再誕」という映画をつくっていました（＊6）。原作の『仏陀再誕』（幸福の科学出版）にはストーリー性がまったくないので、それをもとに映画をつくるのは大変です。そこで、しかたがなく、原作者である私が〝荒《こう》唐無稽《とうむけい》〟なストーリーをつくり上げたのです。

さらに、私が作詞をし、曲をつくらせたのですが、何となく合わない感じがしたため、とうとう私がマイクを握って歌い始めま

＊6
大川隆法製作総指揮の6作目の映画。2009年に公開。

した（＊7）。何だか〝あやしい雰囲気〟です（笑）。

とにかく、「何でもやらなければいけない」ということで、そのような感じになってきました。

「才能ある人の力」を借りるためにすべきこと

やはり、夢を実現しようとすると、必然的に勉強もしなければいけないし、能力もつけなければいけません。その際、必要にかられて能力がついてくる面もありますが、どうしても自分でまかなえなくなったら、ほかの人の力が出てきます。

＊7
これまでに、映画「仏陀再誕」「ファイナル・ジャッジメント」「神秘の法」の主題歌や幸福の科学学園の校歌などの作詞・作曲をしている。

ところが、才能のある人がいることはいるのですが、彼らは、自分から手を挙げて、「やります」とはなかなか言わないのです。そういう才能は眠っているものですし、眠っている才能はたくさんあるでしょう。

また、「そういう人たちの力を借りなければいけない」ということを知るにも、やはり、夢が固まっていなければいけません。

したがって、「こういうことを実現したいのだ」と、繰り返し繰り返し言うことが大事になります。

4 夢は大きく、世界へ——

私が繰り返し繰り返し語っていること

この説法をした当時、私が繰り返し言っていたのは、「とにかく、幸福の科学を名実《めいじつ》ともに日本一の宗教にするぞ」ということでした。

幸福の科学は、戦後の宗教としては日本一でしょう。内容も日本一であるし、おそらく、レベル的には、世界にある宗教と比べてみても最高レベルだと自信を持っています。しかし、まだ世界で認められるところまでは行っていないであろうから、まずは名実ともに、日本一と認められるところまではやりたいということでした。

戦後の宗教だけでなく、戦前の宗教まで含めて「日本一の宗教」を実現し、さらに、世界宗教にしていきます。「日本一の宗教にする。そして、世界宗教にする」ということを、これからも繰り返し言っていこうと思っています。

これを言っておけば、何も指示する必要はありません。

「日本一の宗教にして、世界宗教にしたらよいのです。仕事はもう分かっているでしょう。やるべきことをやってください。私から、個別具体的に、『どこどこの地域で、あと何人信者を増やしてください』などと言う必要はないはずです。すでに分かっているのですから、やれるところまでやってください。あなたが駄目なら次の代、その次の代というように、子孫《こまご》の代まで続けてください。さらに、隣の人にもやってもらってください」というように、どんどんやっていただきたいのです。

北海道や沖縄での成功が意味するもの

特に、この北海道、あるいは沖縄などでの伝道は、「海外伝道が成功するかどうか」の試金石《しきんせき》のように感じています。「ここで伝道が成功するようだったら、海外も大丈夫だ」という感じを持っているのです。

その意味で注目しているし、「開拓《かいたく》の地」として熱い視線で見守っているのです。

「開拓の地で広がる」ということは、どういうことでしょうか。

私は徳島県出身ですから、関西の文化圏はよく知っているし、東京も長いのでよく知っています。また、中部のほうにもいたことがあるので知っています。東京、中部、関西、四国あたりの文化圏については自信があるので、「その地域の方々が、どんなことを考えているのか。何が問題になっているのか」は、ある程度分かっているのです。

ところが、北海道や沖縄のように遠い所になると、文化圏が違うし、「みんなが、どんなことで悩んだり、困ったり、心配したりしていて、どのような法を必要としているのか」ということは、ストレートには分かりません。

つまり、「自分が熟知《じゅくち》しているところに関してだけ通用するのではなく、そうではないところでも通用する」という自信が出るのではないかということです。

これが北海道の意味であり、希望だと思います。

このときの説法で私は、「次は、海外です。もう少ししたら、海外での映像をお届けできると思います」と述べましたが、実際、その後、海外にも出て、海外伝道を始めています（＊8）。

以上が、本章の「夢を持とう」という話です。

＊8
本説法と同年の 2007 年 11 月 18 日に、アメリカのハワイで行った説法「Be Positive」を皮切りに、世界 14 カ国を回り、2012 年のアフリカ・ウガンダでの説法をもって五大陸すべてで海外巡錫を行った。

ヒント 3

夢を持とう

HAVE A DREAM

アイム・ハッピーになるためのポイント

ありありと具体的な夢を描き、その思いを継続する。

思いには人を動かし、世の中を動かす力があると信じる。

たとえ壁が現れても、ビジョンを描き続ける。

夢を描いて、自分の開花していない才能を目覚めさせよう。

まわりの人にも夢を口に出して言うことが大切。

第4章 勤勉に生きよう

BE DILIGENT

CHECK IT!

- □ 何をやっても三日坊主で終わるあなたへ
- □ より指導力をアップさせたい管理職の方々へ
- □ いつも劣等感に悩まされているあなたへ
- □ 努力することの効用を知りたいあなたへ
- □ どうしたら、チャンスを捕まえられるか知りたいあなたへ
- □ 生涯学習に興味のある方へ

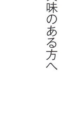

1 人生が変わる二つのチャンス

二十代のころに触れた〝山形精神〟

本章のもとになった説法は山形で行ったものです。私はそれまで、生まれてから一度も山形に行ったことがなく、「もしかしたら、ずっと行けないかもしれない」と思っていたので、そのような機会があったことをうれしく思っています。

そういうわけで、私は山形と直接の縁は、生まれてからほとんどありませんでした。

縁があるとすれば、一つは、明治の初期のころに外国から来た女性の旅行家（＊1）が、山形について書いたものを読んだことがあります。その方は馬に乗って旅行していたのですが、山形に初めて来たときの感想として、「これは日本の桃源郷《とうげんきょう》だ。それほど美しかった。山形に入ったとたんに、すごく美しいと感じた」などと書いていました。

もう一点は、山形県鶴岡市出身の評論家である渡部昇一さんに学恩があることです。私は二十代のころ、渡部先生の著作に触発や啓発をされ、この方に見習って勉強しようと志していました。

その意味では、山形の人が書いたものを読んでいたので、意外

＊1
明治11年（1878年）、西洋人女性として初めて東北を旅した英国人旅行家イザベラ・バード。このときの著書に『日本奥地紀行』がある。

に〝山形精神〟がどこかに入っている可能性はあります。

若いころに経験する「自己発見の旅」

さて、「勤勉に生きよう」というテーマで私が申し上げたいことは、次のようなことです。

今は民主主義の世の中ですが、民主主義というと、みんな〝ごちゃ混ぜ〟になりがちです。そこで、「どうやって人間の違いを色分けしていくのか」という仕組みづくりのために、みな、いろいろなことを努力してやっているわけです。

　例えば、「職業的に偉い、偉くない」とか、「学歴が高い、高くない」とかいうことがあるため、「民主主義でみんなを一緒にする」と言っても、同じところにドシャーッと撒《ま》くわけにはいきません。何らかの「人の使い分け」をしなければいけないですし、「適性」も決めなければいけません。つまり、「向き不向き」を決めなければいけないために、世の中には、いろいろなハードルがあるわけです。

　その過程において、それぞれが「自己認識」というか、自分の器や適性など、いろいろなものを自分で知らなければいけなくなります。それは、ある意味では、「自己発見の旅」ですが、ある意味では、「自分に向いていない」「目指しても駄目だった」という〝失望の歴史〟でもあるわけです。

社会のなかで「格付け」や「分類」がなされる

そういう意味で、若いころには、がっかりするようなことは多いだろうと思います。読者のみなさんの多くは、そのあたりは卒業されて、ある程度、自己評価ができ上がっている可能性もありますが、だいたい学歴や職歴によって、入《い》れ墨《ずみ》のように〝刷《す》り込み〟が入っているのです。

つまり、「あなたは、どういう人ですか」と訊かれて、「こういう学歴で、こういう職歴で、最後はこの会社でここまで偉くなりました」と言ったら、「だいたい、こういう人間だ」というように分類されるわけです。

例えば、宗教団体の支部長でも、その宗教が立派で大きければ偉くなり、小さければ大したことがないことになります。「支部長」という肩書きでも、もちろん格の上下はあるわけです。

そのように、最後は、人間に対する「格付け」が、何らかのかたちでできてきます。社会では人間を時間をかけて選別し、何らかの〝入れ墨〟をして、「この人は、こういう人だ」と思おうとするわけです。人を理解することはとても難しいので、とりあえず何かに分類して当てはめようとします。

このような傾向が確かにあるため、それをある程度、受け入れて生きるのも一つの生き方ですし、一概に間違っているとは言いません。「適性がまったくないことを一生続ける」というのは難しいので、世の中で言われることは、ある程度、そうかもしれないとも思います。

人生を開く「学問」と「宗教」

ただ、私は、二つほど、人間が変わるチャンスがあると思っています。

一つは、子供時代であれば、努力して勉強をしていくことです。スポーツなどでもよいのですが、「何らかの方向を目指して、一生懸命に努力・精進《しょうじん》をすることによって、自分を変え、職業選択の道を開く」という考え方です。

もう一つのチャンスは、やはり信仰にあると思います。「信仰に目覚めることによって、人が変わる」というチャンスがあるのです。

これは、必ずしも子供時代でなくてもよいのです。もちろん、「子供時代に信仰を得て、そのまま行く」という場合もありますが、子供の場合は、たいてい親の信仰を継承《けいしょう》していることが多く、自分で辿《たど》り着くことはほとんどないでしょう。親が宗教施設に連れて行って教えるなど、親が教えた信仰である場合が多いと思いますので、まだ、本当の意味で〝本物〟にはなっていません。

本物になるのは大人になってからだと思います。「子供時代は入り口、あるいは過渡期《かとき》であり、大人になってからが本物である」ということです。

　そのように、「学問的・勉学的な努力」と「宗教的な努力・研《けん》鑽《さん》」という二つが、人間が変わる余地のある、大きなチャンスであると思います。

若いときの〝刷り込み〟から抜け出せない苦しみ

　一つ目の「勉強」のほうにも、やはり、人間を変える力はあります。学問には人を変える力があるのです。

　私は基本的には、「全体的に教育システムがある。全国的に、ある程度、努力した人を認めようとするシステムがある」ということを肯定しています。そうでなければ人は努力しなくなりますので、「努力した人が認められる」というシステム自体はあってよいと思います。

ただ、それを〝入れ墨〟のように思って、「それで終わりなんだ。自分の頭はこの程度で、こういう人間だ」と決めてしまうのは、いかがなものでしょうか。

例えば、二十歳ぐらいまでに決めたことで〝入れ墨〟が入れられたまま、「人生八十年時代」における残りの六十年を生きるのは、少し残念なように感じます。

それは、ほとんどの場合、若いときの数年ぐらいの〝力の加減〟

によるものです。勉強時間の配分、その他、いろいろな加減があって結果が出たわけですが、それを自分で繰り返し繰り返し思っているうちに、「自分はバカなんだ」「賢《かしこ》いんだ」「中くらいなんだ」「落ちこぼれなんだ」など、いろいろな刷り込みが入るのです。

そして、世間や親からもそう言われ、自分でも繰り返しそう思っていると、だいたい、そういう自己認識ができてきて、そこから抜け出すことができなくなるわけです。

2 劣等感に悩んだ大学時代

渡部昇一氏が「上智大学」を選んだ理由

本章の冒頭でご紹介した渡部昇一先生は、上智大学を卒業して、同大学の名誉教授にまでなられた方です。

渡部先生が上智大学に入ったのは、当時、通っていた鶴岡の高校の先生の言葉がきっかけだったそうです。その先生が東京にある上智大学を見てきて、「神父さんがやっていて、非常に上品でいい学校だった」というようなことを言ったので、上智を受けて入ってみたら、実際によかったわけです。

渡部先生は、もともとは国立大学に行きたかったらしいのですが、その年は国立の入試は六月で、上智の入試が三月だったので、とりあえず上智に入って三カ月くらい通ってみたら、とてもいい学校だったので、そのまま居ついてしまったということです。「当時、東京文理科大学（のちの東京教育大学。現・筑波大学）が第一志望だったが、神父さんや外国語教育等もいい感じがしたので、そのまま上智に残ってしまった」というようなことを述べられています。

また、当時は戦後ではありましたが、「上智大学では、学長室のなかで卒業式ができた」というのですから、その規模はそうとう小さく、塾レベルだと思われます。そのくらい小さな大学だったものが、戦後、数十年でかなり発展し、今では一流大学になっています。

私が渡部先生ご本人と対談したときも、そのように言ってほめたのですが、「いや、駅のすぐ近くにあるので、雨が降っても傘なしで来れるんですよ。だから、発展したんです」というようなことを言って、ずいぶん謙遜《けんそん》をされていました。

私は、「渡部先生が頑張られたから、偏差値が上がって、どんどん一流校になったのではないですか」と率直に申し上げたのですが、「いや、そんなことはないです」と言われていました（『フランクリー・スピーキング』〔幸福の科学出版刊〕参照）。

劣等感をバネに学者への道を開いた渡部昇一氏

ただ、当時、上智大学は無名の学校に近かったらしく、渡部先生は劣等感を持っていたようです。

渡部先生は高校の成績がよかったのにもかかわらず、上智大学に入りました。そのときは、「それがいい」と思っていたものの、世間の評価は違いましたし、田舎へ帰っても評価が低かったので、悔《くや》しい思いをされたようです。そのため、勉強を一生懸命して道を開き、学者になっていかれたのでしょう。

確かに、その当時、上智の卒業生には有名な方や偉い方がいなかったので、そのような状況だったと思います。ただ、その後は、上智からも総理大臣が出ています。

渡部先生が評論家としてデビューしたころは、マスコミからは、「あの人には学歴コンプレックスがあるんだ。東大コンプレックスや京大コンプレックス、慶応コンプレックスなど、たくさんコンプレックスがあるんだ」というような批判をずいぶんされていたと思います。世間はそのように言っていましたし、実際、そういう面もあったのかもしれません。国立が非常に人気が高かったころですので、それに引け目を感じて、頑張られたところはあったと思います。

ただ、いつもながら、私は普通の人とは逆のことを考えていました。「渡部先生は頭が悪い人ではなく、頭がいい人であり、よく勉強をしている」と思っていたのです。

渡部昇一氏の業績に励まされた若き日の私

それに比べて、私のほうは、頭がそんなによくありませんでした。ヒーヒー言いながら体力や時間で稼《かせ》いで、何とか東大に潜《もぐ》り込んだ口でしたし、東大のなかには頭のいい人がごまんといて、「とてもかなわない」というのが正直な感想だったのです。秀才ばかりで、徳島の田舎から来た私が太刀《たち》打ちできるようなものではなく、「これは生まれがだいぶ違うな」という劣等感を非常に感じました。

そうしたときに、渡部先生がやっている仕事を見て、「自分は出来が悪いといっても、東大に潜り込むだけは潜り込んだんだ。本当は周りより頭が悪いのだろうけれども、渡部先生がやったぐらいのことをここで頑張ったら、そこそこいけるようになることだってあるのではないか。周りに対する劣等感に負けないで、自分は自分の道を行こう」と思い、自分で一生懸命に勉強して、独学で、やるべきことをやっていたのです。

その後、何十年かたって、同期の人などと比べてみると、だいぶ違うようになってきたので、「ああ、やはり、努力というのは、それなりの成果があるんだな」と思っています。

東大入学当初、私がショックを受けたわけ

みなさんは、私が謙遜で言っていると思うかもしれませんが、

これは本音です（笑）。

徳島県あたりから来て、東大文Ⅰ（法学部）などに入ったら、もう、劣等感のかたまりになります。周りがものすごく秀才に見えますし、エリートのようなキラキラした進学校出身者ばかりなのです。出身校について、「東大に百人受かった」とか「二百人受かった」とか言っているので、何だか天才ばかりが集まっているように見えてしまうのです。

また、灘《なだ》高あたりから来た人たちは、「高校時代から司法試験の勉強を始めていた」などと言っていたので、「嘘だろう」という感じでした。「東大に入るのは当たり前のことだし、弁護士を目指しているので、高校時代から法律の勉強を始めていた」などと言うのです。

これは、ショックでした（笑）。

私などは高校三年のときの夏休みに、まだ剣道の昇段試験のために夏休み練習をしていたぐらいの〝パー〟という感じでしたが、彼らは、そのころには「司法試験の勉強をしていた」というのですから、出来が違いすぎて、全然話にならないのです。もう、ゾーッとしました。

ですから、麻布《あざぶ》や開成《かいせい》を出ている人や、教駒《きょうこま》（現在の筑波大学附属駒場高等学校。旧・東京教育大学付属高等学校）を出ている人たちは、はっきり言って、〝人種的に〟何かつくりが違うように見えました。

「自分は、もう明らかに間違って紛《まぎ》れ込んだ」と見ました。最終的には体力で、一日十二時間か十四時間か、最後は十六時間ぐらいまで勉強して、無茶苦茶やって、突っ込んで入ったような感じだったと、自分では思っています。基礎学力を見れば、「とてもかなわない」というのが、よく分かりました。

中学受験を経験した都会のエリートの強みとは

もう一つ、私が知らなかったのは、「東京や首都圏の人たちは、中学受験や高校受験のため、特に中学受験のために、小学校時代から塾で、ものすごく訓練を積んでいる」ということです。

国家公務員試験のなかには教養試験というものがあるのですが、そのときに出てくる数学的な問題の処理の仕方が、実は、中学受験のときの算数にいちばん似ているのです。

これは、中学受験を経験していない、田舎から来たような人には見たことがない問題です。要するに、「方程式を使わずに、算数のレベルで解く」というわけで、彼らは、その難問を一分や二分で解いてしまうのです。そういう難関校を突破した人たちは、みな昔、習ったことがあるから解けるのです。ところが、田舎から来たような人にとっては、初めて見る問題なので全然解けません。

そんなのを見て、私は「あれを解ける人が大勢いるらしい。なんて天才ばかりいるんだろう」と思っていたのですが、実は、単に中学受験でやっていたから解けるだけなのです。

私はそれを、自分の子供に中学受験をさせるぐらいの歳になって初めて、子供の塾の先生の話で知りました。彼らは塾の宣伝として、「こういうものが何の役に立つかというと、将来、公務員試験を受けるときです。そのときに、そっくりの問題が出ますから有利になりますよ」というようなことを言っていました。

そういうことを経験していない田舎の人は、国家公務員試験を受けても、なかなか受かりません。大学で法学部に行って法律の勉強をしたといっても、中学受験をしていなければ、公務員試験を受けてもポロポロ落ちるのです。

しかし、都会のエリート校に行った人たちは、そういう訓練をしているので、その難しい問題をパーッと一分ぐらいで解いてしまいます。それで天才に見えるのですが、実は訓練の成果なのです。

〝エリート道《どう》〟から外れても成功する道はある

私は、そういうことを知らなかったので、「なんでみんなは、そんなにできるのだろうか」と思っていました。そういうことを誰も教えてくれませんでしたし、親も知らなかったので、「世の中には、システム的に違いがある」ということを、「頭の違いだ」と思ってしまい、そういうものでも、ものすごく劣等感を持ってしまったわけです。

そのため、「これは、頭がだいぶ違うのだろう。しかたがないから、自分は渡部昇一さん型で、人よりもたくさん本を読んで勉強するしかない」と思って突破していったのですが、その後、世間のことを知っていくうちに、「世の中には、いろいろと、〝裏《うら》道《みち》〟〝エリート道《どう》〟があるんだな」ということが分かりました。

例えば、医学部でも、医者が跡継ぎをつくりたかったら、それなりに、いろいろと〝道〟があると思うのですが、そういうことを知らないために〝エリート道〟から外れ、自分に〝入れ墨〟を入れたまま、何十年も劣等感を持って生きている人がたくさんいるのです。

しかし、それは、「永遠の真理ではない」ということを、どうか知ってください。やはり、「それなりの努力をしたものについては、その後、成功することもある」ということです。

国家公務員試験でクレームがついた理由

もう一つ、〝落ちこぼれ話〟をしましょう。

私は、法学部にいましたから、当然のように国家公務員試験を受けました。いわゆる上級官僚（キャリア）になる試験です。政治学科ではあったのですが、法律職で受験して、実を言うと専門試験ではトップだったのです。試験を受けた受験生約一万人中、法律職の専門試験はトップでした。それなのに、クレームがついたのです。

なぜかというと、先ほどお話しした、教養試験に出た数学の問題が解けなかったからです。こんな問題が世の中にあるということを知らなくて、直前になって、にわかに見てみたものの、いったいどうすればそれが解けるようになるのか、さっぱり分かりませんでした。

そのとき、総合一番で受かった人は、専門試験が六十点中四十八点ぐらいだったのですが、私はその点数を超えていました。それでもクレームがついたのです。これを「足切り」と言う人もいるようです。

試験では数《すう》的処理というか、数学的、算数的な処理の問題が二十問ぐらいあったのですが、これができない人は、要するに、「資料をつくったりするときに、数字をパパパパパッと天才的に計算して数字を合わせたり、表をつくって予算を出したりするようなことができないだろう」と見なされます。

「さまざまな統計表等をつくるには、ものすごく頭を回転させて、パシパシッと合わせる能力が要る」というふうに人事院が考えて、問題をつくっているのです。

私には勉強のアドバイザーがいなかった

ついでにもう一つ、恥を話すと、知事になる人の多い自治省（現・総務省）という役所では、「成績がよいから」ということで、もともと私を採《と》るつもりで待っていたのですが、その数学の問題で役人向きではないと自己判断してしまいました（というのは、やや誇張《こちょう》した極論で、合格した年もあったが、官庁訪問をしていなかったので、「辞退」と見なされた面もある）。

そのため、私はすごく劣等感を持っていたのですが、自分の子供が受験勉強をしているのを見て、「なんだ、こんなのを小学校

一、二年生から六年生まで、延々と何年も練習しているのか。こういうものをやっていたから、開成や麻布や教駒の人たちは、楽々解けたのか」ということが、今さらながら分かりました。

私は、教養学部にいるときには教養学部の勉強をし、専門学部に行ったら専門の勉強をするということで法律の勉強をして、普通に、オーソドックスに、与えられたとおりに勉強していました。そのため、中学受験レベルから公務員試験の訓練がすでに始まっていて、「これで地方の人とは差がつく」と、塾の先生が教えていることを知らなかったのです。司法試験の予備校も、当時からたくさんあり、大学一年から通っている人もいました。

そういう〝道〟はいろいろとあったのですが、私はあまりにも田舎出身であり、両親も、この世的には学歴などほとんどないのと同じようなレベルでしたので、「どんなルートで行くか」といった職業的なことが分かりませんでした。私にはアドバイザーがまったくいなかったのです。

そのため、個人的には、不器用なことをそうとうして、かなり無駄な道を歩んできたように思います。

3 コツコツした努力が道を開く

突破口《とっぱこう》となったベンジャミン・フランクリンの言葉

そういうわけで、私は「独学型」でした。地方から東大に入る人のなかには、独学型の人もたまにいますが、そういう人は、今は少ないはずです。

私は東大を受けるのに、塾に行ったことがなく、家庭教師も付いていませんでした。おまけに、高校三年の夏休みまで剣道部をやっていたような体育会系の人間で、もう目茶苦茶なのです。そうした、ものすごく不器用な人間だったので、大学に入ってからは劣等感のかたまりのようになりました。

そして、「そこから突破する方法はないか」と思い、苦しんだ結果、やはり、「ある程度、本を読んで、中身を詰めることだ」と思ったのです。

そのときに、「空《から》の袋は立たない」という言葉を学びました。これは、ベンジャミン・フランクリン（＊2）の言葉です。つまり、「空っぽの袋というのは立ちませんよ。でも、中身が入ったら袋は立ちますよ」ということです。

そういうことを聞いて、「そうだなあ。やっぱり、中身を詰め

＊2
ベンジャミン・フランクリン（1706～1790年）。アメリカ合衆国の政治家・著述家。アメリカ独立宣言やアメリカ合衆国憲法制定の中心的な役割を果たした、「アメリカ建国の父」の一人。

ることが大事だな」「人間、志《こころざし》は要るな」と思ったのです。

一つのことを十年続ければ専門家になれる

また、「人が一年でできることを、自分は一年でできないとしたら、三年、五年、十年かけてやればいい。十年やっても駄目なら、一生やればいいじゃないか」と思いました。

同じ時間でやって負けるなら、長い時間やればいいことです。「ウサギとカメ」の話もあるように、人は、短期間で行うことには素質の差が出るけれども、長期間で行うことでは、やはりカメのように長く続ける者が専門家になるものです。

何をするにしても、一つのことに十年ぐらい打ち込めば、だいたい負けません。美容師をしようと、魚の釣り師をしようと、ゴルファーをしようと、何をするのであっても、十年やり続ければ素人《しろうと》には負けません。

それは、どの道でも同様ですので、あまり簡単に自分を諦めないで、「道はあるぞ」と考えてください。

「細切れの時間」を上手に使おう

「自分は天才だ」とか「生まれつき頭がいい」とかいうことを、あまり思わないほうがいいと思います。むしろ、「自分は平凡だ」と思い、コツコツと努力することです。そして、他の人にかなわないのであれば、「人よりも、もう少し長く頑張ろう」と思うことです。

例えば、一日の時間のなかで長くやるとか、十年二十年と長い期間、コツコツと積み上げるとか、人が休んでいる土日などに頑張るとか、ちょっとした細切れの隙間《すきま》時間を使うとかいったことが大事です。

まとまった時間が天からボーンと降ってきて、「あなたに二時間あげるから、それでしっかり勉強しなさい」というようなことはめったにありません。そういう、まとまった時間はないのです。

実際、みなさんも忙しいでしょう。仕事や家事があるし、当会の信者であれば教団の活動などもいろいろとあるでしょうから、もう、「時間がない」「そんな暇はない」と言っていると思います。ただ、そもそも、「まとまった時間などないものだ」と思ってください。

平凡な人がそこから脱出する道は、やはり「細切れの時間」を上手に使うことです。五分、十分、十五分の時間を、こまめにこまめに、少しずつ少しずつ使うのです。

やがて来るチャンスに備《そな》えて努力を続けよう

例えば、あなたが「海外に行ってみたい」「海外で仕事をしてみたい」と思うなら、一日、五分十分の勉強時間でもかまいません。五分十分の時間なら、一日のうちにつくれないことはないでしょう。その時間に単語を少しだけ覚えるとか、文法の本を少しずつ読むとか、志を持って何年か続けていれば、やはり実現していくのです。

三年なら三年、英会話でも何でも勉強をひそかに続けていると、会社に勤めている人でも、何かチャンスは出てくるものです。「ああ、こいつ意外にできるのか」ということで、海外に出してくれるようなチャンスが回ってくることがあります。

しかし、努力していない人は、チャンスが巡ってきても、そのチャンスをつかまえることができません。「チャンスの女神は前髪しかない」と言われますが、本当につかまえられないのです。

チャンスが巡ってくることも多くありますので、その日が来るのをただ漫然《まんぜん》と待っているのではなく、やはり、自分でコツコツと努力して、その機会に備《そな》えていくことが大事だと思います。

4 勤勉のすすめ

実践してきた人の言葉には真実味《しんじつみ》がある

「細切れの時間を大事にする」ということと、「継続は力なり」ということ、これは本当です。継続しなければ駄目ですが、継続したら本物になります。

継続しないものは本物ではありません。「一時的にちょっとする」とか、「一夜漬《づ》けで勉強をする」とか、そんなものは身につかないのです。ですから、本気で続けていくことです。

この説法をしたとき、会場には、『感化力』（幸福の科学出版刊）という私の本が積み上げられていましたが、実際、私の話には感化力があるのではないでしょうか。やはり、実践している人の言葉には、真実味《しんじつみ》があるのです。

『感化力』の内容は嘘や冗談ではなく、すべて私が実験・実践済みのものです。いつも、自分で実体験して、「効果があった」と思うことを正直にお話しししています。

頼る先生もいない状態から始め、手探りのなか、ない知恵を絞り、努力に努力を重ねて今日《こんにち》までやって来ました。ですから、決して、簡単にうぬぼれたりはしないつもりです。

志が高い人は、謙虚にならざるをえない

「謙虚さ」といっても、基本的には、やはり「志の高さ」だと思います。志が高い人は、謙虚にならざるをえないのです。すぐに〝天井〟に頭が当たるような人は、志が低いので、すぐに慢心するでしょう。

例えば、普段は謙虚な田舎の人でも、気をつけないと、ちょっ

とした成功ですぐにグーッと出来上がる傾向のある人がいます。普段は、「謙虚さ」と「劣等感」の違いが分からないぐらい謙虚なのですが、ちょっとしたことで、ものすごく〝偉く〟なってしまうのです。

これは、都会の人が見たら「何を威張ってるの？　あの人」と思うようなところがあります。そのように、小さなことで、ものすごく威張る癖《くせ》がある人は、志が少し足りないのではないでしょうか。

宗教は何歳からでも始められる「生涯学習」

宗教の世界においては、みなが横に一直線です。機会は平等です。仏性《ぶっしょう》（＊3）も平等です。要するに、「早い遅い」は関係ないのです。

例えば、人によって、「二十歳で信仰に目覚めた」「六十歳で目覚めた」といった時期の違いはあるでしょうけれども、目覚めたときがチャンスなのです。

六十歳でも七十歳でも、そこからまだまだ追いつけます。七十歳からでも菩薩になることはできます。七十歳で初めて幸福の科

＊3
仏の子としての性質。誰にも悟りの可能性があるということ。

学の教えを知った人が、『感化力』を読んで感化を受けたのであれば、そこから頑張って勉強して、菩薩になるということもありえるのです。

もちろん、二十歳から宗教をやっている人は、長くやっているだけ偉いということはありますが、そうでない人にも、まだまだチャンスはあります。

つまり、宗教というのは、ある意味での「生涯学習」なのです。

山形で感じた「一期一会《いちごいちえ》」の思い

私自身は、エリートコースを歩んだような恵まれた人間ではなく、自分で自分をつくってきた、いわゆる「セルフ・メイド・マン」というタイプです。丸太小屋で生まれて大統領になったリンカンの仲間のような人間ですので、おそらく、言っていることに真実味はあると思います。嘘は教えていません。

山形と東京を比べたら、山形は、確かに地の利は不利です。この説法をしたときに会場に集まったみなさんも、「総裁は、次にいつ来るか分からないし、これで最後かもしれない」というような一期一会《いちごいちえ》の感じはあったでしょう。私も行きの飛行機で、「一期一会で、これが最初で最後になる可能性だって、ないとは言えないなあ」と思いながら向かいました。

彼らが大川隆法の顔を直接見るのは、もしかしたら、本当に一回きりで終わりかもしれません。そこで、私は、「なるべく嘘を言ってはいけない」ということで、左手を上げて、「はい、私は真実のみを語ります」と宣誓《せんせい》するような気持ちで説法をしたのです。

地道に、勤勉に前進していこう

特に、東北の人は、会話が苦手で、商売トークが下手だったりと、何らかの劣等感を持っている人が多いように聞いています。しかし、どうか、負けないでほしいのです。そして、地道でもいいので、謙虚に努力して、前進しようとすることが大事だと思います。

劣等感で悩んでいる人は多いと思いますが、劣等感のない人間などいません。劣等感がないかのように吹聴《ふいちょう》して自慢する人ほど危なく、〝怪しい〟と見ていいでしょう。そういう人は、たいてい、何か大きな劣等感を持っているもので、劣等感の少ない人は、かえってそうしたことを言わないものです。

人をたぶらかしたり、嘘をついたりする暇があったら、やはり努力をしたほうがいいと思います。ですから、私は「勤勉」を勧めるのです。

学問も仕事も信仰も、努力の積み重ねが実力になる

仕事でも同じことです。人と同じような仕事を漫然としていては駄目で、毎日、工夫することです。書類仕事であろうと、お客

様仕事であろうと、「どうしたら仕事がもう少しよくなるか」と考えることです。

接客業であれば、「どうしたらお客様に、もっとよい感じが与えられるか。お客様に喜んでもらえるか」ということを、毎日考え続けるのです。お客様に喜んでもらえるような商品説明をするための勉強もあるし、マナーや勧め方もあります。

こうしたことを努力するのに、小卒も中卒も高卒も大卒も関係ありません。努力の積み重ねです。それが実力になるわけです。

どうか、あまり早く、自分に〝烙印《らくいん》〟を押さないでください。要は努力の積み重ねです。学問でも仕事でも、勉強の積み重ねです。

また、もしかしたら、信者のみなさんは、信仰の世界のなかで、「あの人はものすごく修行が進んでいて、自分は後れている」という劣等感を持ったこともあるかもしれません。しかし、真面目《まじめ》に続けていれば、それぞれが行くべきところまで行きますので大丈夫です。

そのようなことを述べて、本章の「勤勉に生きよう」という話を終わりたいと思います。

ヒント4

勤勉に生きよう

BE DILIGENT

アイム・ハッピーになるためのポイント

- 「学ぶ習慣」には人間を変える力があると信じる。
- 劣等感をバネに、「自分の道」を定めて努力を重ねていく。
- “エリート道”から外れても、成功する道はあるので諦めないこと。
- 細切れの時間を使ってコツコツと努力し、やがて来るチャンスに備える。
- 宗教は何歳からでも始められる「生涯学習」と心得る。

第5章 霊的に生きよう

LIVE A SPIRITUAL LIFE

CHECK IT!

- □スピリチュアルなものに関心のある方へ
- □気力を倍増させたいあなたへ
- □本当の自分に出会いたいあなたへ
- □美しい心に憧れているあなたへ
- □本気で人生を立て直したいあなたへ

1 気力を倍増しよう

旭川と釧路の気温差に驚いたエピソード

二〇〇七年の夏、私は札幌と旭川で説法し（本書第2章、第3章所収）、その後、旭川から飛行機で釧路に向かいました。本章は、その釧路で行った説法をもとにしたものです。

旭川からは、三十六人乗りのプロペラ機で四十分ほど飛んで釧路に入りました。すると、旭川の気温は二十五度あったのに、釧路の気温は十五度だったのです。私も秘書たちも、みな震え上がってしまい、「嘘でしょう。同じ北海道なのに、なんでこんなに違うんですか？　旭川のほうが北ではなかったかな？」ということで、急に冬の食べ物を注文したりして、キョトンとしてしまいました。

やはり、同じ北海道でも環境が違うのです。そういう意味で、みなさんそれぞれに感じ方は違うのだろうと思います。

環境に負けないための心掛け

ただ、本章では、その正反対の話をしようと思っています。

一般的に、「環境が悪い」という言い訳はしやすいと思うのです。

例えば、北海道では、地元の人にいろいろと訊いてみても、「漁業はもう一つ不振だし、酪農《らくのう》ももう一つよくないし、炭鉱《たんこう》も潰《つぶ》れてしまった。観光業ももう一つ盛り上がらないし、蟹《かに》も、昔は北海道まで買いに来てくれたのに、最近はインターネットで直接、注文されるので、買って帰る人も少なくなったし……」というように、だんだんさびれていくような話も聞こえてきます。

しかも、「冬場は雪道でエンストを起こしたら、それは死を意味する」といいます。なるほど、環境は実に厳しいでしょう。

やはり、人間は、そのまま放っておけば、環境に支配され、環境を言い訳にして、それを現在の自分が不幸である理由に使いやすいものです。流氷のせいにすることも、気温のせいにすることも、炭鉱が潰れたせいにすることもできます。何のせいにでもできるし、客観的に見て、そうである場合もあるでしょう。

反対に、政治がよくなったり、産業がよくなったり、景気がよくなったり、外国との関係がよくなったりしたために、自分の生活がよくなることも、現実にはたくさんあると思います。

ただ、そうしたことを求めることが、宗教の第一目標ではないと思うのです。

やはり、各人が自分自身でできるところからやっていこうとすることが、宗教が取り組むべき第一歩であり、宗教家の仕事、宗教の仕事というのは、第一義的には、「各人が持って生まれた魂《たましい》の力、心の力を使ってどう生きるか」ということを教えることです。

それが、いちばん肝心なことではないかと思うのです。

私たちは、客観的には寒さで震《ふる》えていても、「心は震えていない。心は奮《ふる》い立っている」と言えるわけです。「釧路まで来ることができたぞ。年を重ねるにつれて、だんだん元気になるじゃないか」というような気もしてきますから、要は、ものは考えようなのです。

「考え方」を変えることで、環境に立ち向かうことができる

人間は、「考え方」が変わると人生が変わります。

ただ、これは簡単なことのようで、意外に悟れるものではありません。「考え方を変えれば、人生が変わってくる」というのは、言葉としては聞きやすく、耳触《みみざわ》りもとてもよいのですが、そう簡単には悟れないのです。

例えば、幸福の科学の支部を例にとると、支部長の考え方一つが変わるだけでも、支部は変わります。また、支部のリーダーの考え方が変わるだけでも、スタッフの考え方が変わるだけでも、

あるいは、新しく入った人の新しい考えが入るだけでも変わってきます。さらには、「この地域をどのように考えるか」ということによっても変わってくるでしょう。

「考え方」を変えれば、いろいろなものが変わってきます。

やはり、望むべくは、「環境に支配される人間になるな」ということです。これをまず言いたいと思います。

環境に完全に支配されて、「環境のせいで自分はこうなんだ」と言う人は、はっきり言えば弱い人です。正直ではあるかもしれませんが、やはり弱いと思います。

そういうわけで、難しいことだとは思いますが、「環境に支配されるなかれ。むしろ、環境を支配せよ。環境を支配する人間になれ」ということを言っておきたいと思います。

もちろん、環境を客観的に支配するところ、具体的に支配するところまでは、なかなか行かないでしょう。「釧路の十五度の気温を、旭川並みに二十五度に上げなさい」と言われたら、かなり温めなくてはいけません。「どのように温めるか」ということを具体的に考えると、かなりのエネルギーが要るので、不可能ではないものの、やはり難しいと思います。

ただ、「考え方」を変えることは可能です。「考え方」を変えることによって、立ち向かっていくことはできると思うのです。

「気力」は五倍にも十倍にも百倍にもなる

私自身、これまでいろいろな努力をしてきましたが、最終資源は、やはり「気力」です。総裁であっても、そうなのです。最後は気力です。これしかありません。「精神力」というか、「気力」というか、「意欲」というか、これがなくなったら、もう、どうにもならないのです。

そういうわけで、私の執務室には、そうしたことをいろいろと書いたものが貼ってあります。

この説法をする前、私は東京の世田谷でも説法をしたのですが、そのときは、「命惜《いのちお》しむべからず」という意味で、「不惜身命《ふしゃくしんみょう》」と書いて貼ってあることをお話ししました(＊1)。

ただ、「どうもそれだけでは足りないらしい」ということで、さらに、「気力倍増」や「体力倍増」を加えて、釧路で説法をした時点では、その三枚が貼ってありました。やはり、「気力倍増」「体力倍増」まで行かないと、北海道までは回れません。

やはり、「気力」が要るのです。気力を〝自家発電〟していかないといけません。

もちろん体力も訓練によって強くすることはできますが、限界というか、加減はあるでしょう。オリンピック選手ほどの体力を

＊1
2007年7月3日、世田谷支部精舎での法話「ウツへの対応」の「質疑応答」にて。

つくろうとして、そればかりやっていたら、ほかのことはできなくなります。

確かに、現状よりも体力を強くすることはできるでしょうし、倍増するぐらいの可能性はみなさんにもあるとは思うのです。例えば、六十歳になっても、七十歳になっても、歩くことや鍛え込むことで、体を強くすることはできるでしょう。

ただ、天性のスポーツ選手のような力は持てないと思います。そこまでいくかといえば、限界があるのではないでしょうか。

そういう意味で、私も、全国で説法をするに当たって、「体力倍増」というのは、絶対に、必須の条件であると思ってやってはいるのですが、〝最終兵器〟はやはり気力です。

気力だけは、倍増以上、いく可能性があります。これは、五倍でも十倍でも百倍でもいく可能性があるので、最後はこれしかありません。「最後は気力だ」と思っているのです。

私は毎回、「一期一会」の思いで説法をしている

気力がなかったら、どうなるでしょうか。現代の教育からして、私たちはまず、物事を効率的に考えがちです。例えば、政治家が各地を遊説《ゆうぜい》するとしたら、できるだけ投票者が多いところを回り

たくなるはずです。それが、人間の自然な気持ちでしょう。

ところが、私は、若いころには大勢の人を集めて、効率よく説法をしていたにもかかわらず、この釧路での説法をしたころは、効率が悪くても、全国の支部を回り、百人、二百人という人数で話をしていました。

それは、効率とは別の意味を込めて、やっていたのです。つまり、私自身の宗教家としての自覚によるものであったということです（＊2）。

経済原理だけで考えれば、できるだけ効率的に、大量の人に向けて話をしたほうがよいでしょう。しかし、宗教というのは、必

＊2
現在では教団の規模が拡大し、大講演会では、さいたまスーパーアリーナや横浜アリーナなどを本会場として全世界 3500 カ所以上に衛星中継を行っている。

ずしもそういうものではありません。宗教には「人対人」というところがあって、やはり「一期一会」なのです。

説法会場でみなさんと会うのは、もしかしたら、その日が最初で最後かもしれません。実際、私は、「最初で最後かもしれない」という気持ちでやっています。

どの回も、「一期一会だ。もう最初で最後だ」という気持ちで臨んでいるわけです。

2 スピリチュアルな真実を知ると「魂の力」が強くなる

「魂の力」を強めるために知るべきこと

先ほど、「環境に支配されるのではなく、環境を支配しよう」と述べましたが、唯物的な意味での環境の克服そのものは、なかなかできないことだとは思います。つまり、気温を変えたり、風を止めたり、あるいは、産業を起こしたりするには、いろいろな人の力が要るでしょう。

あなた自身ができることは、いったい何かというと、やはり「魂の力」を増強していくことであり、これがいちばん大事なことなのです。

では、魂の力は、どうすれば増強されるのでしょうか。

そのためには、まず「思いというものが、人間の中心的な力だ」と知ることが大事です。

ただ、「魂」と言ってみなさんが想像するのは、幽霊のような、人体状の透明なものかもしれません。そうした、「この世では目に見えず、あの世へ行くと見えるもの」と思っているのでしょうが、実は、それも本当の姿ではないのです。

魂の本当の姿は「エネルギー体」です。このエネルギー体は、肉体に宿っているために人体の形をしているだけで、本当の姿は「意思《いし》」です。つまり、人間の本当の姿は「思い」であり、「意思」なのです。「このようにしたい」と思う心が、人間の本体であって、みなさん自身も、それなのです。

例えば、「人間は死ぬと、人魂《ひとだま》になって飛ぶ」などとよく言われますが、人魂は丸くなっています。しかし、魂というのは、本来そのように形が決まっているものではなくて、「思いのかたまり」なのです。これが飛んでいるわけです。

みなさん自身の本体は、みなさんが認識しているような姿ではありません。それは、「思い」であり、「意思」なのです。「自分は、こういう人間だ」と思うその心が、みなさん自身であるということを知らなくてはいけません。

「本当のあなた」が分かる〝天使試験〟とは？

したがって、「みなさん自身がどんな人であるか」を知りたかったら、「あなたが一日のなかで考えていること」を述べてみたらいいのです。それで分かるのです。

「あなたは、今日一日、何を考えましたか？」と一日が終わるときに考えたら、「みなさん自身がどんな人間であるか」ということは、ほとんど外れようがありません。簡単なことです。

〝菩薩試験〟〝天使試験〟というのは、実は簡単であるのです。「あなたは、今日、何を考えましたか？　朝から一日、考えたことを思い出してごらんなさい。その内容を見たときに、それは天使の心ですか？」と訊かれたら、自分でも判定できるでしょう。

あるいは、反省日誌を書いているとしたら、それを見て、「今日は、天使の心だったかな。どうかな」と振り返ってみてください。

「今日一日だけは、もしかしたらいけるかもしれない。先生がおいでになるということで、今日は一生懸命にやった。今日は菩薩の心でお迎えできた」ということは、あるかもしれません。ただ、ほかの日はどうかは分かりません。

そういうわけで、人間というのは「中身」なのです。「外見」だけがすべてではありません。

人間は、外見だけでもないし、経歴だけでもありません。「お金を持っているかどうか」とか、学歴とか、体力とか、スタイルとか、この世的なものはいろいろとありますが、それがすべてではないのです。

ちょっとした印象などで、人を一時的に騙すこともできますが、最終的には、そうしたことはできないわけです。

幸福の科学は、まだまだこれからの宗教

ところで、私は、この説法の当日、会場のみなさんのために、グリーンの麻のジャケットを着ていました。「どうやら、幸福の科学の職員は黒い服ばかり来ていて、色彩感覚が弱いらしい」ということが分かってきたので、イメチェンを図《はか》らないと駄目だと思っていたのです。

ちょうど、この年、法シリーズの十二巻目として『復活の法』を出していたので、そうすることで、「『復活の法』とはこういうことですよ」ということを見せなくてはいけないとも思っていま

した。

もう少し明るくて、やる気に満ちた状態に、今も、若返りを図っているところです。私は、「気分は三十二、三歳」でやっています。「まだまだ終わらない。これからだ。幸福の科学はこれからである」ということです。まだまだ、こんなもので諦めるわけにはいきません。

「霊的な人間になる」とはどういうことか

ですから、どうか、みなさんも、みなさんの住む地域をもっともっと発展させてください。私の力は及ばないかもしれませんが、みなさん自身の心のなかに強い熱意が宿れば、不可能なことはないはずです。

「環境に支配される」ということは、「あなたがたが〝三次元人間〞である」ということ、「三次元（＊3）になじんだ人間で、三次元を超えることのできない人間だ」ということを意味しています。これを超えてください。そして、霊的な人間になってください。「魂こそ本体である。思いこそ本体である。思いによってできないことはないんだ」ということです。

私も、ずっとそう思い続けてきました。「この日本だけではな

＊3
人間が生きている物質世界、地上世界のこと。

い。自分は、世界も救わなくてはいけないんだ」という思いを、ずっと抱き続けているのです。

するとだんだんそれらしくなってきました。最初は嘘やインチキに見えたり、その他大勢の邪教《じゃきょう》と一緒にされたりしていたこともあったのですが、三十年近く粘っていたら、だんだん違いがはっきりしてきました。

それは、そのあいだに思い続けていることが、出てこようとしているだけのことなのです。ただし、私自身は、まだまだ、こんなものでは満足していません。

3

「世界最高の教え」を知らずに終わるのはもったいない

環境の厳しいところで広がるなら、海外でも広がる

今、幸福の科学は海外伝道も展開していますが、その試金石になるのは、第3章でも述べたとおり、北海道や沖縄でしょう。そこで広がるようであれば、海外でも確実に広がると私は思っています。

みなさんが、北海道や沖縄の厳しい環境を乗り越え、宗教的情

熱でもってパシッとやってのける力を持ってくれるようになれば、海外だって伝道できるはずです。

海外も、都市部のよいところばかりではありません。パリだとか、ニューヨークだとかはいいですが、そんなところばかりではないのです。もっともっと環境が厳しいところはたくさんあります。そういうところでは、「できない理由」の連続になってしまうでしょう。

ちなみに、当会の国際本部は、私の法を広げながら、同時にマラリア対策をやったりしています。「アフリカでマラリアを抑えるには、どうしたらよいか」とか、あるいは、「インドの学校でトイレが流れないが、どうしたら流れるようになるか」とか、そんなこともずいぶんやっているのです。

そのように、海外の環境はもっともっと悪いわけで、「まず人間らしい生活ができるようにお助けしながら、ある程度、教育もして、文化レベルを上げ、さらに法をお教えする」というような、手のかかることをやっています。

北海道のようなところで、この教えが燎原《りょうげん》の火のごとく広がっていくかどうかは、やはり、一つの試金石でしょう。こういうところで広がっていくようであれば、おそらく海外でも広がっていくと思うのです。

東京で広がるようなものは、海外でも大都市には広がると思いますが、それ以外のところに広がるかどうかは、もう一つ分からないところがあります。しかし、「北海道でも広がっていく」という感じになれば、自信が出てきます。

できるだけ大勢の人に分かる説法をしたい

今、私は、もっと大勢の人に分かっていただける説法をしようと努力しています。

「勉強して頭をよくし、たくさん教学をして、本を十冊、百冊と読んでいき、全部読んだら先生の説法が分かりますよ」というようなことでは、いばりすぎています。それでは〝殿様商売〟であって、やはり許されないでしょう。

「本を読もうが読むまいが、初めて説法を聴《き》く人であっても、分かるような説法をしなくてはいけない」ということを、今、強く感じています。

今までのままでは、おそらく、日本のインテリ階級、読書階級が限界で、〝本を読まない種族〟に理解していただくのは無理でしょう。そう感じているところです。

したがって、これからは、できるだけ多くの人に分かる説法をして、本格的な大衆布教に入るつもりです。「仏陀としての法」は、ある程度、説き終えました。

ある程度、法の輪郭《りんかく》は説いたし、教団としてのかたちもつくりました。「このようなパターンでやっていく」ということを決めて、事業計画、将来計画も、ある程度のところまではできたので、あとはもう、「広げるのみである」と感じています。

「世界最高の教え」を知らないのはもったいない

それで、弟子にも「広げてほしい」と言っているのですが、私自身も、「この幸福の科学の教えを広げる。国内に広げ、海外にも広げる。どこまでも広げる。これが残りの仕事だ。人生の残りの仕事は、『教えを広げる』という、これ一点である」と考えているのです。

この教えに自信を持っていいと思います。幸福の科学の教えは、今、世界に必要な教えだと思うし、現代語で説いているために易しく見えるかもしれませんが、現時点では、世界最高の宗教であることは間違いありません。

世界最高の宗教が世界最高になろうとしているだけのことですから、当たり前のことを当たり前にしようとしているだけなのです。「世界最高の宗教なら、世界最高の宗教のかたちを取るべきである」ということです。

ほかの宗教で満足している人もたくさんいるかもしれませんし、宗教を否定している人もいるかもしれません。

しかし、幸福の科学を知らないで死ぬのは惜しいことです。「あなたの人生が惜しいですよ？　それでいいのですか？　もったいないですよ。一言でもいいから教えを聴いてください。一冊でもいいから勉強してください」ということを、まだ意識がそこまで行っていない人たちに、何とか教えてあげてほしいのです。

まず「気力倍増」から始めよう

そのためには、やはり、最後は、みなさんの「心の問題」に戻ってきます。「気力倍増」から始めることです。方法論なんて言っていられません。気力倍増です。伝道だろうと何だろうと、やる気を出す以外に道はないのです。

「気力倍増。気力倍増」。もう繰り返し「気力倍増」です。

私も同じです。気力倍増をしなければ、人々に教えを広げることはできません。自分のほうの気力が萎《な》えたら、それでだいたい止まります。「もうくたびれたし、こんなに人数が増えたら、このあとコントロールができないから、もうこれでいい」と教祖が思ったら、そこで宗教は終わりなのです。

やはり、「あくまでも広げたい。どこまでも広げたい。南米にも広げたい。アフリカにも広げたい。南極のペンギンにも読んで教えてやる（笑）」というぐらいの気持ちを持たないかぎり、広がらないでしょう。私も今、そのような気持ちでいます。

以上、「霊的に生きよう」というテーマでお話ししました。

ヒント 5

霊的に生きよう

LIVE A SPIRITUAL LIFE

アイム・ハッピーになるためのポイント

- 環境を言い訳にせず、自分ができるところからやっていく。
- 「気力」は五倍にも十倍にも百倍にもなると信じる。
- 「思い」が人間の中心的な力だと知る。
- 反省日誌を書いて〝天使の心〟を目指していく。
- 正しい信仰を持って生きる。

I'M HAPPY

5 KEYS TO A WORRY-FREE LIFE

アイム・ハッピーになるための25のポイント

アイム・ハッピーになるための25のポイント
第1章　明るく生きようより

とにかく「明るく生きよう」という気持ちを強く持つ。

「自分は明るい人間だ」と潜在意識に落とし込む。

「自分の心」は完全に自分の自由になると信じる。

他人や環境のせいにしない強さを持つ。

「思いの力」や「心の筋肉」は鍛えることができると信じる。

アイム・ハッピーになるための25のポイント
第2章　愛に生きようより

♡ 愛とは奪うものではなく、
与えるものであると、まず知ること。

♡ 見返りを求めずに、自分から愛を与える。

♡ 目には見えない世界には、
見守ってくれている存在がいると信じる。

♡ 家庭内など身近なところから具体的に愛を実践する。

♡ 人間的な〝ホットな部分〟や〝情愛〟を大切にする。

アイム・ハッピーになるための25のポイント
第3章　夢を持とうより

ありありと具体的な夢を描き、その思いを継続する。

思いには人を動かし、世の中を動かす力があると信じる。

たとえ壁が現れても、ビジョンを描き続ける。

夢を描いて、自分の開花していない才能を目覚めさせよう。

まわりの人にも夢を口に出して言うことが大切。

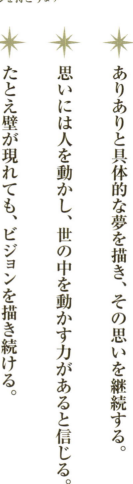

アイム・ハッピーになるための25のポイント
第4章　勤勉に生きようより

「学ぶ習慣」には人間を変える力があると信じる。

劣等感をバネに、「自分の道」を定めて努力を重ねていく。

〝エリート道〟から外れても、
成功する道はあるので諦めないこと。

細切れの時間を使ってコツコツと努力し、
やがて来るチャンスに備える。

宗教は何歳からでも始められる「生涯学習」と心得る。

アイム・ハッピーになるための25のポイント
第5章　霊的に生きようより

- 環境を言い訳にせず、自分ができるところからやっていく。

- 「気力」は五倍にも十倍にも百倍にもなると信じる。

- 「思い」が人間の中心的な力だと知る。

- 反省日誌を書いて〝天使の心〟を目指していく。

- 正しい信仰を持って生きる。

あとがき

私の話が、地方在住《ざいじゅう》の方には難しすぎるというクレームを受けて、できるだけ、初めての人でもわかるレベルで話をしたものが、集められている。地方巡錫《じゅんしゃく》が一巡してからは、段々、話のレベルも、規模も大きくなり、健康も回復して、かなり自信に満ちたものになってきたが、この間、家庭的には、仕事量の調整をめぐって波乱《はらん》もあった。

人間にはいろんな面もあるので、必死で水面下の水かきをやっているアヒルのような私の苦しい時代に「アイム・ハッピー」と言っていた根性《こんじょう》を少しでも認めて下さればと思う。

二〇一五年　三月五日

幸福《こうふく》の科学《かがく》グループ創始者兼総裁《そうししゃけんそうさい》　大川隆法《おおかわりゅうほう》

本書は先の法話をとりまとめ、加筆したものです。

第1章　明るく生きよう

二〇〇七年六月二十六日説法
広島支部精舎

第2章　愛に生きよう

二〇〇七年七月十四日説法
札幌中央支部精舎

第3章　夢を持とう

二〇〇七年七月十五日説法
旭川支部精舎

第4章　勤勉に生きよう

二〇〇七年八月二十五日説法
山形支部精舎

第5章　霊的に生きよう

二〇〇七年七月十七日説法
釧路支部精舎

『アイム・ハッピー』
大川隆法著作参考文献

『太陽の法』（幸福の科学出版刊）
『仏陀再誕』（幸福の科学出版刊）
『フランクリー・スピーキング』（幸福の科学出版刊）
『感化力』（幸福の科学出版刊）

I'M HAPPY

5 KEYS TO A WORRY-FREE LIFE

アイム・ハッピー
BOOKS

I'M HAPPY
アイム・ハッピー
悩みから抜け出す5つのシンプルなヒント

2015年3月27日　初版第1刷

著者　大川隆法

発行所　幸福の科学出版株式会社
〒107-0052 東京都港区赤坂2丁目10番14号
TEL (03)5573-7700
http://www.irhpress.co.jp/

印刷・製本　大日本印刷株式会社

落丁・乱丁本はおとりかえいたします

ISBN978-4-86395-654-4　C0030

付録

実践ポイント編

第1章

明るく生きよう

BE CHEERFUL

STEP 1

自分は明るい人間だと自己暗示をかけよう

明るい未来を引き寄せるためにはまず、「顔の表情を明るくする」ことから始めましょう。そして次第に「自分は明るい人間なんだ」「心のなかまで明るくしよう」と繰り返し思うことで、潜在意識にまで深く浸透し、ポジティブな自分になっていきます。

STEP 2

他の人や環境のせいにする心にストップ！

たとえ自分にとって、不利な状況や環境であってもそれらに負けてはいけません。言い訳したくなる心にストップをかけ、「だからこそ頑張らなくてはいけない」と発想を変え、はじめの一歩を踏み出してみましょう。

STEP 3

心の自家発電をしよう

人生の幸不幸は、ほとんどの場合、心のあり方が原因です。「明るい心」を持っていると、その反対のものが遠ざけられ、明るいものが引き寄せられてきます。自家発電し、自分で光を放つことによって、周りの人も助力してくれるようになるのです。

大川隆法著作参考文献
『感化力』『Think Big!』『救世の法』（いずれも幸福の科学出版刊）

第2章

愛に生きよう
BE A LOVING PERSON

STEP **1**

育ててくれた両親への感謝の時間を持とう

人は自分が愛されたように、人を愛することができる存在です。ときには、これまで見守ってきてくれた両親に思いを馳せ、感謝の思いを深めましょう。愛された記憶は、ほかの人に対する優しさや、「人のために尽くす」気持ちに転化していきます。

STEP 2

周囲や職場の人の幸せを願う

愛とはもらうものと思いがちですが、それはにせものの愛です。「奪う愛」から「与える愛」へ。見返りを求めない与えきりの行為こそが、心まですがすがしく、幸福感が満ちてきます。まずは縁ある方々の幸せや成功を静かに祈ってみましょう。

STEP 3

家庭や職場など、身近なところから愛を具体化してみよう

愛とは抽象的なものではなく、具体的なものです。まずは家庭のなかや職場において、縁ある方々への与える愛を実践していきましょう。感謝の言葉を口にしたり、思いやりや気遣いを示したりすることで、その愛の輪が循環していくことでしょう。

大川隆法著作参考文献
『太陽の法』『限りなく優しくあれ』『心を癒す ストレス・フリーの幸福論』
（いずれも幸福の科学出版刊）

STEP 1

あなたの「夢」と向き合ってみましょう

夢が実現する姿をありありと思い描く力、その思いを継続する力。こういう能力がある人の場合、夢がだんだん本当になり、近づいてきます。夢とは抽象的なものではなく、現実的な力を持つもの。まずは素直な心で、自らの心が抱いている夢を引き出してみましょう。

STEP 2

「夢ノート」や「ビジョン・ボード」を作成してみる

視覚化したものや、目に見える形で描いたものは実現しやすいといわれています。夢や目標をノートに書いたり、ビジョンを絵に描いたりして、部屋に貼っておくのもおすすめです。「壁」が出てきても、夢実現への思いを持ち続けることができるでしょう。

STEP 3

若いときの夢が叶った人は、夢を更新！

夢は若い人だけの特権ではありません。今や人生 100 歳時代。若いころの夢が成就《じょうじゅ》した人は第二、第三の夢を描いて夢を「更新」しましょう。夢を描くことこそ、最高のアンチエイジングなのです。

大川隆法著作参考文献
『発展思考』『リーダーに贈る「必勝の戦略」』『生涯現役人生』
（いずれも幸福の科学出版刊）

STEP 1

“コツコツ型”で、毎日、細切れ時間に努力する

一つのことを十年続ければ専門家になれます。他の人にかなわないのであれば、「人よりもう少し長く頑張ろう」と思い、細切れの隙間時間を上手に活用して、コツコツと努力しましょう。また、専門以外にもう一つの井戸を掘り続けていくことで、人生の幅が広がっていきます。

STEP 2

規則正しい生活を送ろう

勤勉さへの第一歩は規則正しい生活から。まず、自分が過ごす一日の大体のタイムスケジュールを決め、淡々とこなしていくことです。夜《よ》更《ふ》かしや朝寝坊をして生活のリズムを崩さないよう、体調をキープしながら、日々の生活を送りましょう。

STEP 3

人生100歳時代に向けて「生涯学習」を始めよう

宗教は何歳からでも始められる“生涯学習”です。正しい信仰への目覚めは、人格が磨かれ、人間が変わる大きなチャンスを秘めています。仏神の教えである仏法真理は生涯にわたって無限に学び続けることができるもの。新しい自分との出会いが待っています。

大川隆法著作参考文献
『智慧の法』『青春マネジメント』『幸福の科学とは何か』
(いずれも幸福の科学出版刊)

付 録

実践ポイント編

第5章

霊的に生きよう

LIVE A SPIRITUAL LIFE

STEP 1

「気力」をトレーニング！

どんなに体を鍛えても、体力には限界があります。しかし、「気力」や「精神力」は五倍にも十倍にも百倍にもなる可能性に満ちています。あなたの夢や志をけん引する“最終兵器”はまさに気力です。意識して気力をパワーアップさせ、自家発電していきましょう。

STEP 2

反省日誌をつけてみる

人間は、外見や経歴がすべてではなく「中身」です。あなたが考えていることが、あなた自身。今日一日の間に考えていたことを振り返り、反省日誌をつけてみませんか。さあ、天使の目から見て、今日一日のあなたの思いをチェックしましょう。

STEP 3

「霊的人生観」を持って生きる

人生は一回限り、と思って生きることほど虚《むな》しいことはありません。人間は霊的存在であり、永遠の生命を持ち、この世とあの世を転生輪廻しながら魂修行をしている存在です。今回の人生で努力したことはすべて魂の糧になっています。あなたに無限の魂の成長をもたらす「霊的人生観」を心で受け入れてみましょう。

大川隆法著作参考文献
『奇跡の法』『「正しき心の探究」の大切さ』『死んでから困らない生き方』
（いずれも幸福の科学出版刊）

大川隆法ベストセラーズ
アイム・ハッピーBOOKS

10の法則と実践Q＆Aで
自分も周りも輝かせる
「あげまん妻」に！

1,300円

夫を出世させる「あげまん妻」の10の法則

「夫に悩みを聞いてほしい」「仕事が忙しくてストレスフル」「子育てに関して悩みがある」――そんな女性に読んでほしい一冊。これから結婚したいあなたも、家庭をまもる主婦も、社会で活躍するキャリア女性も、パートナーを成功させる「繁栄の女神」になれる！あなたの「あげまん偏差値」をアップさせる、とっておきのヒントがこの中に。

※表示価格は本体価格（税別）です。

大川隆法ベストセラーズ
幸せな家庭をつくりたいあなたへ

1,200円

ティータイム
あたたかい家庭、幸せのアイデア25

親子のスピリチュアルな縁《えん》、家族でできる脳トレ、幸せな熟年夫婦になる方法——。優しい家庭をつくるアイデア集。

1,200円

コーヒー・ブレイク
幸せを呼び込む27の知恵

ニコッと笑うとオーラが出る？「赤い糸」が切れてしまったら、どうする？「幸せ」を呼び込む、毎日のちょっとした習慣。

1,200円

アイム・ファイン
自分らしくさわやかに生きる7つのステップ

“人間関係” や “自分の欠点” といった悩みが幸福の種に。いつだって「アイム・ファイン！」とニッコリ笑える秘訣《ひけつ》が満載。

1,200円

ハウ・アバウト・ユー？
幸せを呼ぶ愛のかたち

あなたを不幸にする「偽物《にせもの》の愛」から、幸せを育む「本物の愛」へ。「心のスイッチ」を切り替えるためのヒント集。

大川隆法ベストセラーズ
「幸福の科学」の基本を学ぶ

太陽の法
エル・カンターレへの道

創世記や愛の段階、悟りの構造、文明の流《る》転《てん》を説き明かし、主エル・カンターレの使命を人類に示した幸福の科学の基本書。

2,000円

黄金の法
エル・カンターレの歴史観

伝説の神々や偉人たちの「生まれ変わり」が、地球神の視点からついに明らかに。真実の人類史があざやかに浮かび上がる。

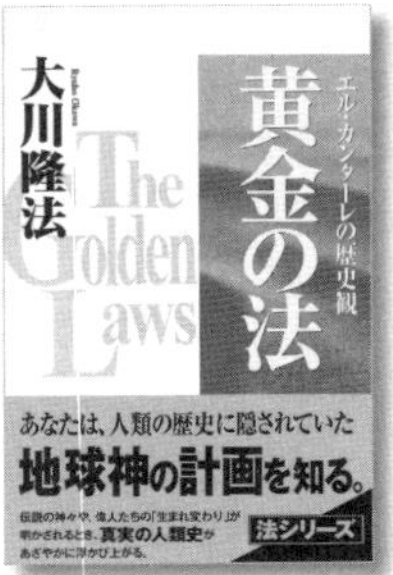

2,000円

永遠の法
エル・カンターレの世界観

人はどこから来て、どこへ去るのか？ この一冊が従来の霊界観を一変させる。人類の永遠の疑問に答えた霊界案内の決定版。

2,000円

※表示価格は本体価格（税別）です。

大川隆法ベストセラーズ
激動の時代を生き抜く仕事術

Think Big!
未来を拓く挑戦者たちへ

「考え方」には力がある。「思い」は必ず現実化する。縮み思考を吹き飛ばし、未来を切り拓く新しい「自助論」、「成功論」。

1,500円

ストロング・マインド
人生の壁を打ち破る法

失敗のない人生などない。自分を信じて何度でも立ち上がれ。人生に起こる、あらゆる苦難・困難に立ち向かうための一冊。

1,600円

不況に打ち克つ仕事法
リストラ予備軍への警告

この厳しい不況と戦うすべてのビジネスパーソンへ。深い人間学と実績に裏打ちされたビジネス論・経営論のエッセンス。

2,200円

※表示価格は本体価格(税別)です。

大川隆法ベストセラーズ
芸能人の秘密が分かる!? 守護霊霊言

時間よ、止まれ。
女優・武井咲とその時代

国民的美少女から超人気女優に急成長した武井咲のピュアな魅力は、どこから生まれるのか? 誰も知らない秘密が明かされる。

1,400円

俳優・木村拓哉の守護霊トーク
「俺《オレ》が時代《トレンド》を創る理由《ワケ》」

スターであり続けること、演技・歌のこと、ライフスタイルのこと。時代を創るトップスターが全てを語った衝撃の一冊。

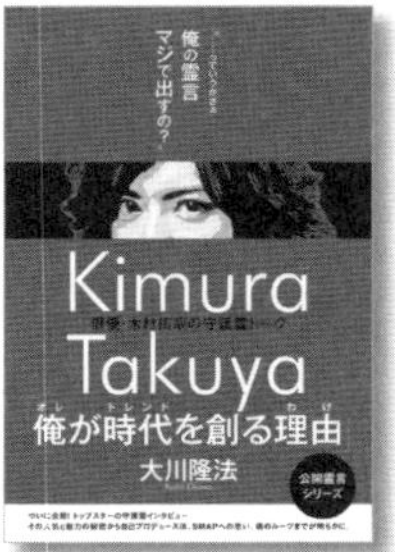

1,400円

天才打者イチロー
4000本ヒットの秘密
プロフェッショナルの守護霊は語る

前人未到の大記録を達成したイチロー選手の精神性を徹底解明! 守護霊が語る、超一流のプロフェッショナルの条件とは。

1,400円

幸福の科学出版　※表示価格は本体価格(税別)です。